段差のある家に
住めば
長生きできる

You can live longer
if you live
in a house with steps.

KINYA GOTO
後藤欽也

GENTOSHA
幻冬舎

●オペラハウス（manabu307/PIXTA）

はじめに

オーストラリアの主要都市、シドニーにオペラハウスが完成した時、街が変わりました。観光客がどっと訪れ、土地の値段も上がっていったのです。

実際に建設にかかった費用は当初予算の15倍とも言われますが、もたらされた資産価値は計りしれません。当時1億オーストラリア・ドルで建てた一つの建築物が、50年経った今でも毎年シドニーに10億オーストラリア・ドル以上の経済効果をもたらしているそうです。

建築の力って凄いんです。

建築で「極上の時」をつくることができます。例えば川端康成の「朝の光の中で」に描かれた、旧ザ・カハラ・ヒルトン・ホテルの夏の日の朝の風景を建築にすると〝至高の空間〟ができます。

まさに幸せを実感できる時間をつくることもできるのです。

それだけではありません。建築は人の情熱や夢をかきたてたり、時には人を優しくしたりもします。

紀元前４３８年に完工した小高い丘の上のパルテノン神殿は、今なおギリシャのアテネの街に品格を与え続けています。アメリカ・カリフォルニア州にある丸いＵＦＯが降り立ったようなApple本社は訪れる人の心を躍らせるに違いありません。

昭和30年代、天高く、ぐんぐんと伸びていった東京タワーは、まるで日本人の夢を背負っていたかのようでした。

そして、やはりパリの街並みのロマンチックさは、建築の力や魅力、価値を最も表すものの一つでしょう。

建築ほど大きな財産は他にそうはありません。

日本では、例えば親から引き継いだ住宅を誰かに譲りたいと思った際、築後30年も経っていると、その価値がほとんどなくなってしまっていることが多いです。結局譲渡価格が土地の価格以下となってしまうのです。

これはおかしな話です。本来建築やそれらがつくりだす環境は「時間が経てば経つほど価値が上がる」ものです。ヨーロッパの住宅のように、時が経てば建築した時点よりも高く売れなければなりません。建物としての価値が保存されていれば、価格は上がり続けるのですから。

私たち日本人はなぜ皆がその価値に気づき、生かさないのでしょうか？

相対的に高い所得を得ながら、長い間バカンスを楽しむ欧米諸国の人々は、建築財産から考えると正しい。なぜなら50年、１００年経った住宅が大きな資産として残っているからです。欧米人は豊かなのです！

「勿体無い、は日本の文化だ」とはよく聞く言葉です。割り箸を洗って再利用したり、裏紙を小さく切ってメモ用紙に使ったりと、ささいなことにも気を遣う文化なのです。
しかし残念なことに、そこまでこだわる日本人がなぜか建築には、「勿体無い」とはあまり言わないのです。私からすれば、それが本当に勿体無いのです。

私は「建築の力」を信じ、40年以上も建築に携わってきました。「人が集まる人気の施設」をつくることも、「天才が生まれる街づくり」や「人が優しくなる街のための建築」の答えも私にはあります。もしも人々が建築の力を信じてくれるなら、街は近い将来必ず価値ある建築で埋め尽くされ、美しい景色と、思いやりのある、希望に満ちた優しい人々でいっぱいになるはずなのになぁと思いながら、普段はクリニックや病院・健康施設・老人ホーム・保育園・ホテル・商業施設から住宅建築まで多岐にわたって、感動設計を心掛け、〝人の場所〟づくりに一生懸命取り組んでいます。

仕事柄、毎日いろんな方といろんな建築の話をしたり相談を受けたりします。
「日本の住宅は30年が限界ですよね」「バリアフリーにしなければ」などと、よく言われます。

果たしてそれは本当でしょうか？

「この土地にはこんな風にしか建てられないんですよね。工務店の方や他の建築士の方々みんなから言われました」

いえいえ、建築のプランは無限です。必ず、良い答えはあります。カッコ良いにもいろいろあるとは思いますが、それはさておき、テレビに出てくるようなカッコ良い建物をつくるには莫大なお金が必要なのでしょうか？

答えはノーです。必要なのは莫大な費用ではなく、建築に対する正しい知識と、オーナーと建築家、そしてつくり手である工務店やゼネコンとの意思統一です。

前置きが少し長くなりました。

本書には、これから住宅をつくろうとされている方、

土地の有効活用をどうしたら良いのか迷っておられる方、

地域貢献のために自社建築やクリニック・病院建築を計画されているオーナーの皆様、

町おこし、地域活性化に想いを寄せる方々、

今、建築に興味があるすべての方々、

そして今は建築に興味がない方々にも、未来に続く大切な大きな財産を築くために、建築の時に知っておいて頂きたいことがたくさん書かれています。

それでは、私が知っている本当の建築の話をしましょう。

段差のある家に住めば長生きできる●目次

第1章 建築の常識のウソ

第2章
「坪5万円」をケチってはいけない
［「千年設計」の落とし穴］

第3章

どうしたら資産価値は上がるのか？

［「千年設計」による建物の価値の上げ方］

第4章

魔法の鉛筆が最初に描くものは何か？

［建物はゴールから設計する］

第5章 ゴールの世界観をつくる建築家の新しい視点

第6章

建築家が教える土地の有効活用法はこれだ

「遊休地の活用の仕方と住宅の建て方」

出版プロデュース：株式会社天才工場 吉田浩
編集協力：黒坂真由子　掛端玲
カバーデザイン：石川直美(カメガイ デザイン オフィス)
本文デザイン・DTP：美創

第1章

建築の常識のウソ

建築には知ってほしい考え方があります。逆に、忘れてほしい常識や思い込みもたくさんあります。

最近は雑誌やネットを通じ簡単にいろんな情報に触れることができます。例えば「もっと健康になりたい！」と健康関連の本を読んでいると、どのビタミンや栄養素についてもそれなりに良いことが書いてあるので、「それなら」と全部のサプリを飲みたくなるものです。

建築の情報にも同じことがいえます。ある特定の工法や考え方は、それぞれ単独では正しいのかもしれませんが、時として副作用が出てしまうこともあるので注意が必要です。

少しばかり英語が喋れるからといって、英語での重要な契約を日本人が主導することはやめたほうが良いことと同じです。相手国の文化にまで精通した完璧な通訳者をお願いするべきです。情報は集めれば集めるほど、使う際にはより高度な技術が必要になってくるからです。

ここでは住宅などをつくる際によく聞く話を幾つか取り上げてみます。

「地震に強い家」の宣伝文句にいちいち感心しない

日本は海外に比べて災害の多い国です。住宅を建てる時には地震に強い建築を誰もが望むはずです。宣伝でよく見かける耐震実験。大型の実験装置に住宅を載せ、震度6や7相当の揺れに対して、その住宅が必死に耐えている様子は圧巻です。

「このメーカーしかない！　ここにしよう！」

「やっぱり地元の工務店や大工さんでは不安だ！」

耐震住宅の宣伝を見るとそう思うのも無理はありません。そして、こう思う方もいらっしゃるでしょう。

「我が家をつくってもらおうとしている工務店はあんな実験なんかしていないよなぁ」と。

その実験をしていない建築家の設計や地元工務店がつくる住宅の耐震性には不安になってしまうのです。

でも、大丈夫です。

なぜなら今これから建てようとするあなたの住宅や建築は全て、我が日本国がつくった建築基準法で守られるからです。

第一、これからつくろうとするあなたの家は、たとえ先の実験をおこなった住宅メーカーにお願いするとしても、実験と同じ間取りや大きさの家ではありません。それに、実際に設計を進めていくと、開放感があるようにと窓はもう少し大きくしたくなるでしょうし、部屋の使い勝手やその後の改築の可能性を考えると、なるべく室内の壁も少なくしたくなるでしょう。土地の形が違えば家族構成も違い、家の形も違う。いずれにせよ、あなたが建てようとする家と、実験で使われた家とは違うのです。

さらにメーカー独自の工法やそれを実証する実験ももちろん立派ですが、我が国が国土交通省を中心につくりあげてきたガイドラインは信頼できるものです。

地震だけではなく台風や水害など幾多の災害経験を反映させながら、つくりあげられてきた建築基準法。一方の意見に偏ることなく、たくさんの意見が検討され、その結果がまとめられたものです。建築基準法は最低限の基準なのだとの意見もありますが、その割には時に首を傾げたくなるようなことまで細かく定められています。基準はどこかで線を引かなければならないものです。様々な考えのもとに導き出され、常にバージョンアップされ続けている「責任ある」最低限の基準なのです。

例えば地震に対する基準について見てみましょう。

先の「平成28年熊本地震（以下、熊本地震）」は想定外の大きさでした。たった3日間に震度7が2回、震度6強と6弱が5回、その後3ヶ月を含めると震度5強と5弱が12回、震度1以上が1888回と、これでもかというほど繰り返し揺れた地震でした。

その地震の影響について、国土交通省と建築研究所[*1]が特に被害の大きかった益城町について報告をしています。木造住宅[*2]に関する要点はおおよそ下記2点です。

1　「2000年改正の新耐震基準」以降につくられた
　建物の倒壊・損壊率は2・2％、7棟の倒壊・損壊を確認[*3]

2　その7棟の倒壊・損壊の原因は
　敷地自体の崩壊　1件
　地盤の特性による局所的な大きな地震動の可能性　3件
　施工不良　3件

つまり「土地自体の問題での倒壊・損壊」が4件。あってはならない「工事不良での倒壊・損壊」の3件を除けば「２０００年以降の新耐震基準」で建築された「木造の住宅に倒壊・損壊はなかった」ということになります。

「熊本の地震では1件も倒壊・損壊がなかった」という住宅メーカーの話を聞いたことがありますが、右記報告でもわかるように、２０００年以降の新基準で熊本の地元の工務店や大工さんがつくった住宅も倒壊・損壊はしていません。[*4]

熊本市内の私の実家も、熊本地震では何度も震度6強に見舞われましたが、実家のすぐ隣の工務店につくってもらった在来工法の木造2階建てはその後ももちろん、何の破損もなく未だ元気です。

「震度7にも耐えた家」といった宣伝はとてもインパクトがありますが、特別なことでも、そのメーカーにしかできないことでもありません。地元の工務店や大工さんがつくる住宅でもオーダーひとつで、もっともっと、いくらでも強くすることができます。[*5]

大きな会社がつくるからとか、有名な誰かがつくるからといって、何か特別に「強度が上がる」ということではありません。さらに付け加えると木造であろうと、鉄骨造であろうと、鉄筋コンクリート造であろうと、どんな構造であろうとも、同じ設計強度を目標値とすることができるので、その場合、簡単に言ってしまえば竣工後の理論的な強さはどの構造も同じです。

耐震性に優れていることは宣伝されていてもされていなくても、必要なことで、当たり前のことなのです。大手の住宅建設会社や住宅メーカーでなければ安心できないといったことでは決してありません。

建築づくりの選択肢を広げ、建築家・地元の工務店や大工さんも信頼し、本質的な住宅づくりをするべきです。

＊実際に被災された方には大変お気の毒で心中お察し致しますが、本稿は最新の建築基準法についての限られた説明ですのでご容赦ください。

＊1　国土交通省・国土技術政策総合研究所（国総研）と国立研究開発法人建築研究所（建研）が合同で設置した「熊本地震における建築物被害の原因分析を行う委員会」。

本委員会は、国総研、建研、一般社団法人日本建築学会等が実施した熊本地震における建築物被害調査の内容を幅広く収集・整理するとともに、建築物被害の原因分析を行うことを目的として開催された。

＊２　調査対象地域の木造住宅は１９５５棟。

＊３　１９８１年５月以前の旧耐震基準で建てられた木造住宅の倒壊・損壊率は28・２％と大きい。

＊４　２０００年以降の建築で特殊要因を除く。

＊５　現在の建築基準法では「震度６、７クラスの大きな地震があった場合、人命を守ることが最優先で倒壊はしないが大きな損傷を受けるのは仕方ない」という考え方だが、さらにその後の生活も不自由なくできるような強さを確保するため国土交通省では今、建築基準法以外に耐震基準について住宅性能表示制度として、１等級から３等級まで、より強い構造の基準を定めて推奨している。

建築は〝平面図〟が命

みなさんがこれから住宅を建てようとする時にまず目にするのが、平面図というものです。いわゆる間取り図のことです。

住宅を設計する時の建築家のメインテーマは、住まい方のプランが書かれた平面図にあります。綺麗に描かれた外観のパース（完成予想図）やインテリアが配置されたパースではありません。平面図には、その後の暮らしをずっと先まで決定付けてしまう強力な要素がほとんど含まれているからです。

「形態は機能に従う」とは建築家ルイス・ヘンリー・サリヴァンの言葉ですが、形や形態は機能を突き詰めた結果であるべきで、それこそが美しさだという考えです。

逆もまた然りで、「形態は機能を規制する」と言うことができます。これは、環境が人をつくってしまうということを意味します。環境、つまり建築計画が決まると生活の質やリズムも決まり、人生の方向に影響を与えるという考え方です。[*6]

住宅のプランを考える時、まずは動線の良い快適な家をつくろうとします。いわゆる居心地の良い家を目指すということですが、居心地が良くて快適なだけの建築計画では不十分です。

本書ではこのことを掘り下げていくこともテーマの一つです。同じようなことを角度を変えながら何度も説明しますので、少しずつご理解頂ければ幸いです。

＊６　地震後の復興住宅・仮設住宅での暮らしを変えた平面プラン

１９９５年に起きた阪神・淡路大震災の時の仮設住宅では、不幸にも孤独死が多発してしまいました。いろいろな要因があるのでしょうが、建築計画上の問題としては「すべての住宅を南向きとした結果、個々の家の玄関が北向きに並んでしまい、玄関から前の路地に出ても前の家の人と話をする機会がほとんどなかったのではないか？」との問題指摘がありました。

そういったこともあり、２００４年の新潟県中越地震後には、仮設住宅への移転が集落単位で進められただけでなく、玄関が向かい合わせとなるように個々の住宅が建設されました。

さらに２０１１年の東日本大震災後に建てられた岩手県釜石市のコミュニティケア型仮設住宅では、玄関と玄関が向かい合わせとなった路地に屋根を掛け床板も張り、その路地が生活空間に取り込まれました。

快適な住宅の罠

話を戻します。

快適さには副作用もあるのです。

例えば子ども自身の「居心地」を考えると、学校から帰ったらそのまま誰とも会わず、自分の部屋に入り、ふかふかの布団の上でゲーム三昧。そしてスイッチひとつで寒い時には暖房をつけ、暑い時にはクーラーをつける。そんな毎日なら楽で快適なはずです。しかし、当然、そんないき過ぎた快適さは子どもにとって良いはずがありません。

心地よい素材にも欠点はあります。

ファーストプランの平面図に素材を書き込む事があります。どうしてもその素材を使ってほしい場合です。自然素材の持つ感触は柔らかく心地よく、そしてそれは時間が経つにつれやがて深い味わいとなり、品格となっていきます。

おすすめのそんな自然素材も、日頃の掃除やメンテナンスには手間がかかり、その事が大きなストレスだと感じる方も結構いらっしゃいます。扱いが難しいことは欠点の一つです。

便利な動線にも問題はあります。

これまでの日本の戸建て住宅のイメージは、玄関を開けると、廊下兼用のホールがあり、そのすぐ近くには2階へ行く階段があって、上るとそのまま寝室へ行けるような便利なものでした。また、玄関の近くには客室がある場合もあり、結局ダイニングやリビングなどの日常空間は、たいていは玄関から廊下を先に進んだ、一番奥の扉付きの部屋です。急な来客があってもそのプライベートな空間に友人やお客様が立ち入る事はなく機能的です。現在の一般的なマンションの間取りも、ダイニングやリビングは一番奥にあるところが多いようです。

ただ、家に帰った時に初めに目にするのは「誰もいない廊下や階段」なので殺風景で寂しい印象ともいえます。

一方、アメリカのホームドラマに出てくるような場面を想像してみてください。

パパが玄関を開けると目の前には、吹き抜けの大きなリビングが広がり、部屋の奥の暖炉の横の椅子に座っていたママと子どもたちは、いっせいに「お帰りなさい！」とこちらを振り向く。右奥にある大きな螺《ら》旋《せん》階段を犬が駆け降りてきて、飛び掛かってくる。

そうです、元気が出そうな「ただいまの瞬間」ですよね。

突然の来客もいいではありませんか？　ベルが鳴って玄関を開けるまでには少しは時間もあります。第一、我が家は来客の為のものではなく、自分たちの生活の場なのです。

これが私の「リビングアクセス」の考え方です。このことについてはまた後ほど説明致します。

どちらの間取りの家に住みたいかは好き嫌いの問題ですが、これら2つの我が家、違う間取りの家に10年間住み続けた場合、それぞれの家で体感する毎日の気分や暮らし、そしてその後の家族の在り方に違いがないはずはありません。このことが建築計画学なのです。「建築の力」ということができます。

社会や家族、他人との関わり合い方は「建築の平面計画」が大きく作用します。もともとコミュニケーションというのは億劫《おっくう》なものです。少しは強制力が必要なのです。誘われればどうしても出席しなければならないパーティーのように。

それでも出たら出たで楽しいこともあるものです。建築の間取りが人と人とのコミュニケーションにとってちょっとした強制力のひとつとなることは、押さえておきたいところです。

私たち建築家が平面図を考えること、つまり建築の計画とは、快適さを突き抜けた、楽しい建築、家づくりの答えを探すものです。

また、そのために捨てなければいけない、いくつかの条件を探すことでもあります。

住宅設計の時、家の形やインテリアデザインなどは最後の問題です。その家で過ごす家族が「幸せに暮らす」というゴールに対して建築家として何ができるか、建築計画学や建築的哲学、芸術、医学、そしてその家族の嗜好《しこう》や感性など幅広い知識や要素を統合して答えを出すものです。そしてそれを形にしたのが、平面図なのです。

その時の知識の量や気分に左右されながら、雑誌やカタログや画像検索の寄せ集めで平面計画を組み立てるのは危険です。

もし最初に、建築家から住宅の設計提案があった際、その平面図を見たり説明を聞いたりしても、「良いのか悪いのかよくわからない」場合は、そのプランがあなたの感性と合っていない可能性があります。そもそもその平面図自体がいまいちであるからかもしれません。

図面が読める人でも読めない人でも、その平面図を見ながら設計者の説明を聞いていくうちに、これからの暮らしにワクワクとしてくるはずです。楽しくなければ「我が家」とは言えないからです。最初はわからなかったピカソの絵も、専門家の説明を聞いていくうちに感動する絵にしか見えなくなっていくように、背景がわかると本質が理解できるのです。

実際、建築家は住まわれる方の想い・要望、土地の特性、周りの様子などについて何日も、時には何ヶ月も考えを巡らせます。痒《かゆ》いところさえもわからないような歯痒さが、何日も続く中で、暮らしのテーマ・物語に自分なりのひらめきがあった時に、初めてスケッチに入り、瞬時に作成していくのです。マス目がついた設計用紙にいきなり部屋を並べていくわけではありません。

実際の平面図を見てみよう

建築家がどんな想いで平面図を描いていくのか見ていきましょう。私の事務所で実際に設計され建築された平面図を3つ、ご紹介します。

ひとつめは高齢者のための家、熊本市にある「道と暮らす家」の平面図です。

これは当時65歳を過ぎた私の母の一人暮らしのための家です。総面積21坪、2階建ての小さな住宅ですが、一人暮らしには十分な広さです。ゴールは「これから迎える老後の一人暮らしを、いかに楽しくできるか。生涯現役でいられるか」ということです。

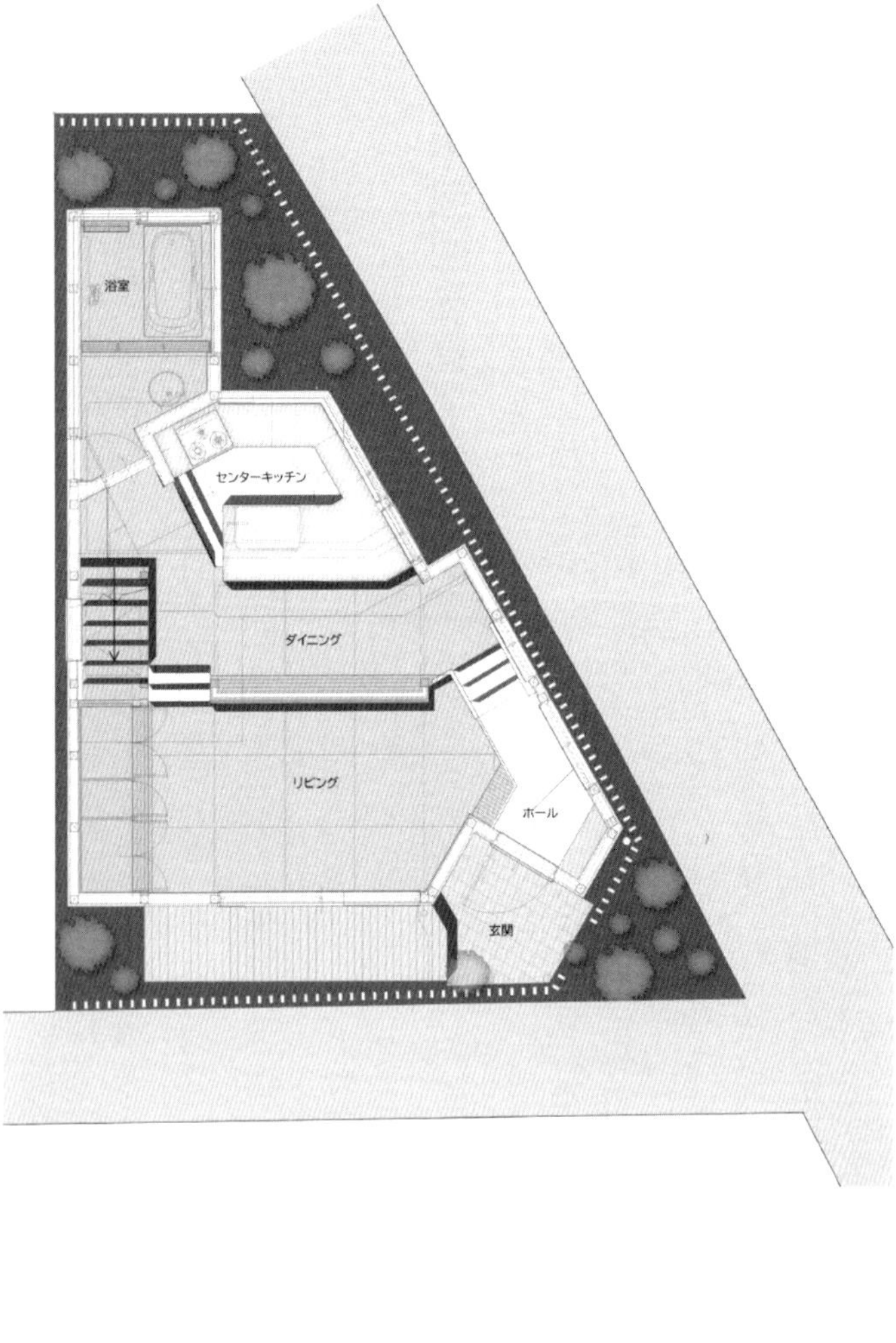
浴室
センターキッチン
ダイニング
リビング
ホール
玄関

私は常々、高齢者になっても右肩上がりの人生でありたいと思っています。そのために、バリアフリーよりも大事にしたいことがあります。それは「人が集う家」であることです。私は、目の前の「2つの生活道路」を行き交う顔なじみの近所の人たちといつまでもうまく接点を持って欲しい、との想いで家のコンセプトを「道と暮らす家」としました。

高齢者であろうとなかろうと、人生の楽しみや生きがいは、人との交わりを抜きには考えられません。昔話の姥捨山に象徴されるように、人や社会との縁が無い人生ほど寂しいものはありません。人がよく来る家を建築的にどうつくるか、を常に考えます。入りやすくて出やすい家、そして楽しそうな家には人がよく訪れます。

そんな家をつくりたい時には良いプランがあります。玄関に一番近いところに家の中心がある、リビングアクセス型のプランです。

明るい家づくりがゴールなら「リビングアクセス型プラン」が良いと思います。

さらに意識したのは、私の母には健康づくりのために毎日少しずつでも運動をしてもらいたい、という想いでした。未来の車椅子の生活を心配する前に、車椅子に頼らない生活を目指してもらいたかったのです。ですからこの「高齢者のための家の各部屋」は全てスキップフロア（段差のある間取り）で構成され、何処へいくのも1段や2段の段差だらけなのです。必ず昇り降りをしなければならない段差を、あえてつくってあります。

普通に考えればこの間取りは「親不孝プラン」と言われてもしょうがないのです。私は段差だらけの高齢者住宅をつくってしまったのです。

では20年経って、母はどうなっているのでしょうか？（答えはこの章で後述する「バリアフリーにはこだわらない」をご覧ください）

その代わり刺激的で楽しい空間です。家の中でも散歩気分なのです。平地も良いものですが、海や山の起伏がある風景は楽しいもの。住宅って楽しいのがいいですよね。

ここからは先ほどの平面図を見ながら想像してみてください。

（平面図と実際の空間のイメージとの答え合わせは第4章の「希望と活気をつくるリビングアクセス型住宅プラン」で）

この家は2つの道に接しています。朝は子どもたちがランドセルをカタカタと背負って小学校へ行く通学路、午後になると近所の人たちが買い物カゴを下げて行き交う、そんな街の生活道路です。この2つの道に家を開放すると街が持っている生活感とつながることができます。

窓ガラスのすぐ外にあるもう一つの外壁の「ブラインドスキン」は、程よい開放率の木製の格子で構成されています。無邪気な小学生は時に身を乗り出して「おばちゃん！　おばちゃん！」と声をかけてきます。

近所の知り合いは格子越しに声をかけてきて、今日の出来事を話します。時にはあがり込んでお茶を飲んだりすることもありそうです。

コミュニケーションは「わざわざアポをとって……」というより、ちょっとしたきっかけの方が話は弾むものです。自然のリズムのおかげです。人生はリズムとタイミングが一番なのです。

2件目は少し大きい住宅です。

都会からは少し離れた静かで緑豊かな場所に計画された〝至高の住宅〟です。

この住宅のゴールは「本当のリラックス空間、至高の時間・空間をつくる！」こと。土地は100坪とやや広めですが、極端に何百坪、何千坪とあるような、楽園のようなリゾ

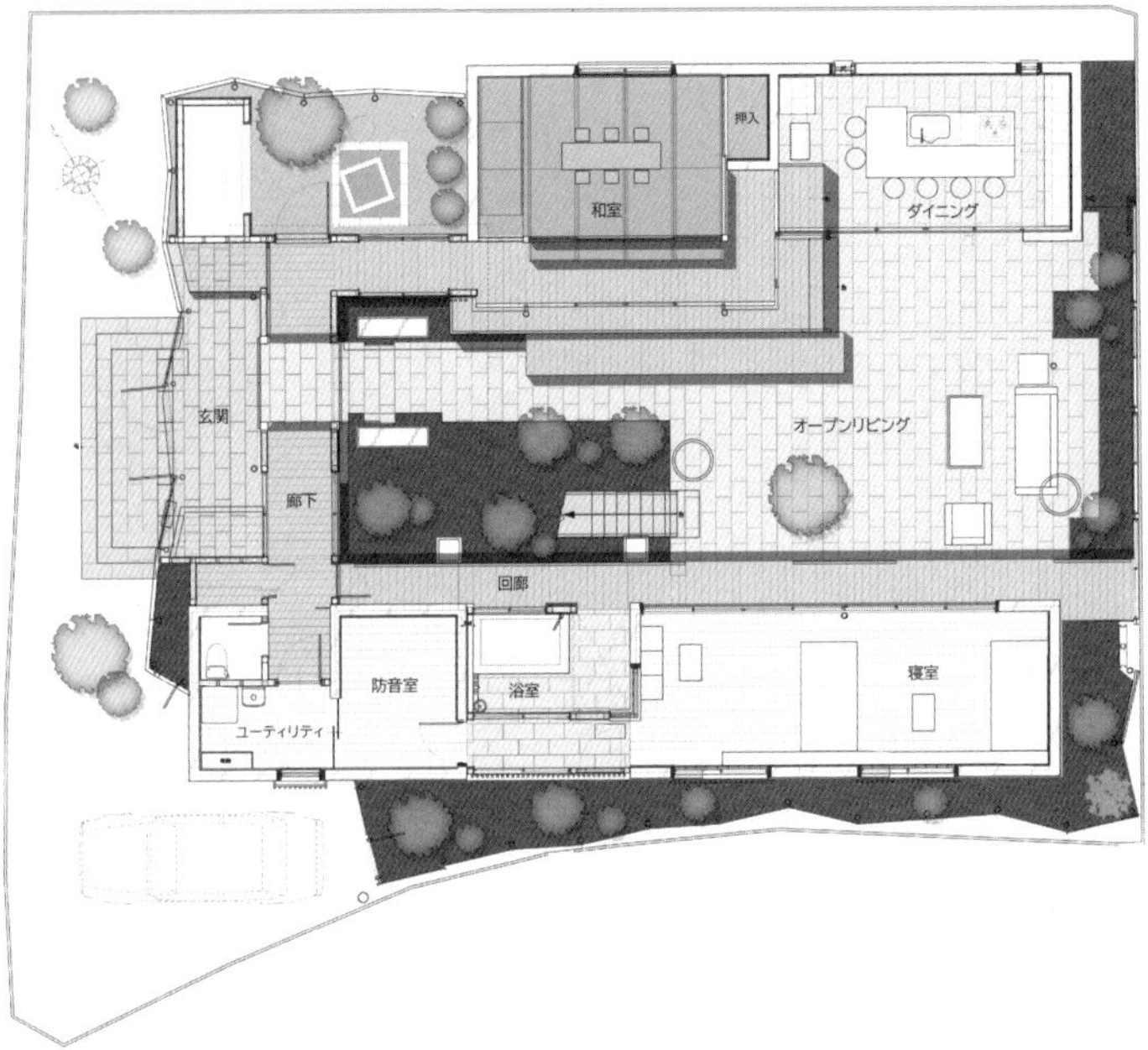

ート向きの土地ではありません。

先ほどと同じように説明文と併せて平面図を見てみてください。

（平面図と実際の空間のイメージとの答え合わせは第4章で）

毎日の出入りの場「玄関」は、例えば大きな吹き抜けがありダイナミックなホテルのような大空間よりは、旅館を思わせるような「枠」で控えめな感じがよいのです。

玄関の先はすぐにガーデン型のオープンリビングです。

この家の中心です。

ここから家の中の何処へでも直接

行けます。どの場所からも見えるリッチなその中心の場所（床の間のような存在価値）は他のすべての場所もリッチにしてしまう風景の力になるのです。ここにお母さんやお父さんがいると、会話は聞こえなくても、何をしているかわからなくても、家中があったかく安心してしまう、そんな場所なのです。

最後に京懐石の店の平面図を見てみましょう。

和食の空間といえば、多くの割烹や食事処がそうである様に、侘び寂びよろしく「数寄屋建築」がまずは思い浮かぶはずです。

茶の心、計算し尽くされた木と畳と和紙で繰り広げられるシンプルな空間は、日本人独特の控えめな美の世界観を表現しています。

一方で、日本文化にはもう一つの世界観、天平文化があります。華やかな空間は食事処というエンターテインメントにはうってつけ。集客を誘います。

商業空間の最大のテーマ＝ゴールは「集客」です。

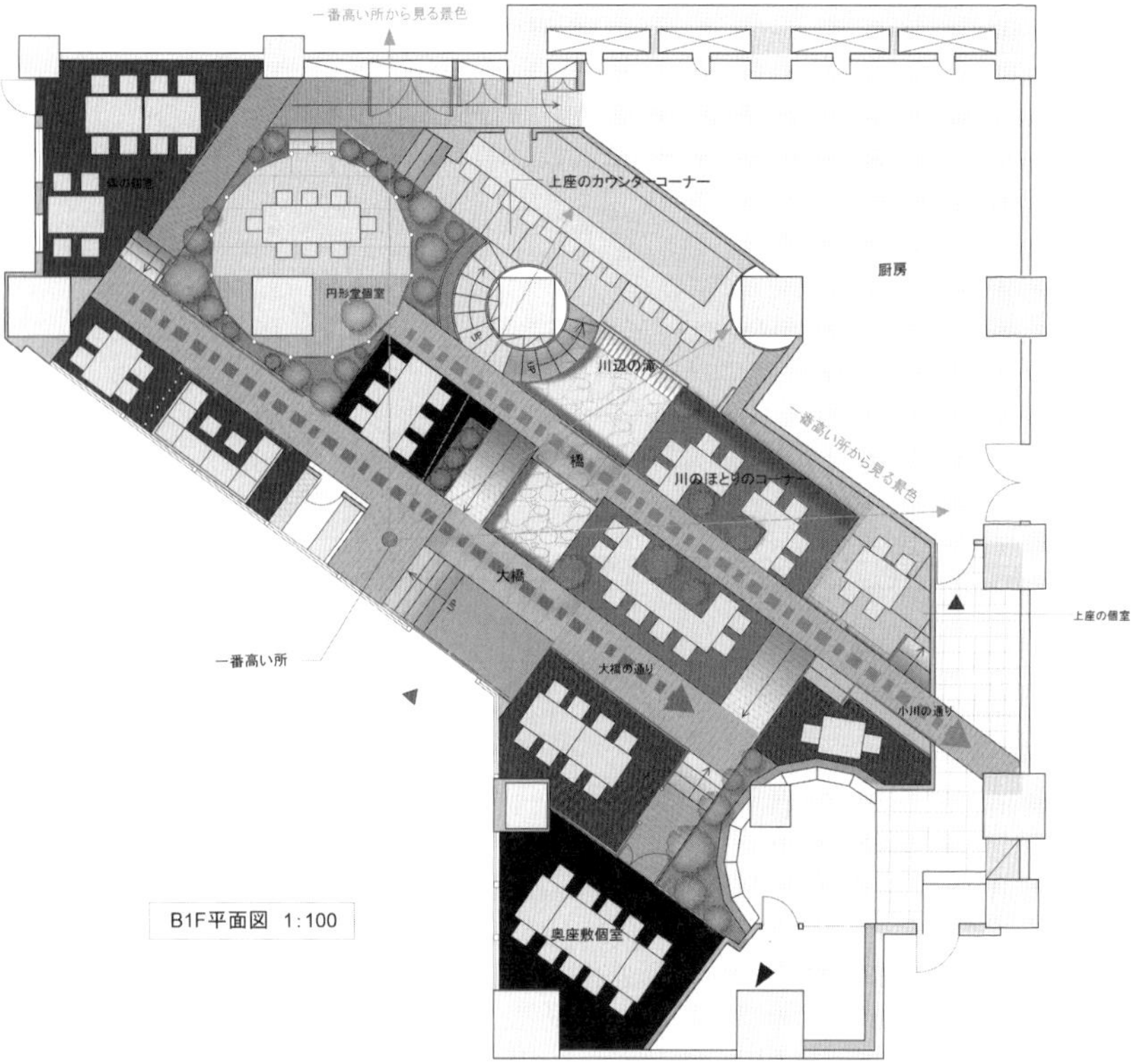
一番高い所から見る景色
上座のカウンターコーナー
円形堂個室
厨房
川辺の滝
橋
川のほとりのコーナー
一番高い所から見る景色
大橋
上座の個室
一番高い所
大橋の通り
小川の通り
奥座敷個室

B1F平面図 1:100

平面図を見ながら思いを馳せてみてください。

(平面図と実際の空間のイメージとの答え合わせは第5章で)

日本が眩《まばゆ》かった頃、平安時代は、藤原氏が我が世の春を謳歌した時代でもあった。

その頃、貴族はあちらこちらに別荘を持っていたに違いない。小川のほとりの寝殿造りの別荘は艶やかで朝靄の中、音楽を奏でる。

水平線の朝日が木々を照らし木漏れ日がさす、そんな静寂な場所に佇む貴族の別荘。

一度で良いからそんなところで「朝の食事」がしたいと凡人なら誰もが想う。

1000年遡ることはできないが、遡ったつもりで時代の場をつくることはできる。

藤原氏でなくとも商業空間でならお金を出せば誰でも食事ができる。

「省エネ住宅第一主義」をやめてみる

持続可能な社会に向けての取り組みもあり、昨今では「省エネ」が盛んに言われるようになりました。

限りある資源を有効に使う！

こんな当たり前のことがクローズアップされなければならない世の中になってきました。私たちのこれまでの行き過ぎた便利な暮らしは、スローガンや法律がなければもう戻ることができないのかもしれません。

もちろん、電気料金は安いに越したことはないのですが、高ければ高いで省エネは進みそうな気がします。朝、明るくなったら仕事を始め、夜、暗くなったら早めに床に就くような生活のリズムなら省エネはもっと進むのでしょう。本質はそこなのですが……。

建築業界では「省エネ住宅」を売りにする住宅メーカーや工務店がたくさんあります。省エネ住宅は、いずれも消費電力やCO_2排出を抑え、環境にやさしく経済的なところが特徴です。高気密、高断熱、さらには太陽光発電システムなどを備えていて、「機能性に優れた住宅」といってもいいでしょう。

しかしながら、機能性住宅というだけでは「良い住宅」とはいえません。

私が思う良い住宅とは、

１　楽しい建築であり、
２　時間が経てば経つほど価値が上がる本質的な価値がある建築、
３　そして、住めば人生を向上させる力のある家のことです。

これは概念ですが、具体的には次の５つに集約されます。

1　安全で耐久性があること

まずはシェルターとしての機能。地震や台風が来ようとも火事になろうとも安全が約束されること。また構造的にも材料的にも耐久性があること。

しかし案外この点は、日本の建築業界全般において進んでいます。

2　明るく、楽しい建築

例えば、段差のある家は楽しい。人はだだっ広い運動場の真ん中よりも、川のほとりや段で区切られた隅を好むものです。これからどんなにＡＩが活躍しようとも、生活を楽しむことは我々人間にしかできません。

「楽しくなければ建築ではない」

建築の巨匠、フランク・ロイド・ライトは滝の上にリビングをつくりました。

「春雨じゃ濡れて参ろうぞ」さながらに、安藤忠雄は雨に濡れなければ行くことができないリビングを設計しました。了解した施主もすごい！

3　美しい建築、芸術性のある建築

美しく芸術的なものを毎日見ていると神経が研ぎ澄まされ、人は優しくおおらかになっていきます。豊かさと美は近くにあるからです。

そして美しいものは大事に使います。例えば、法隆寺ほどの価値があれば１０００年以上も現役で美しくあり続けることができます。

薔薇は棘によって自らの身を守るのではなく、あの香りと美しさによって守るのだ、と言った人がいます。美しさは力です。建築も美しくなければなりません。

我が家がカッコ良くなり、隣も、そしてその隣も美しい建物が続くことを願うのです。

ちなみに「ただ変わったデザインの建築」と「芸術的な建築」は、好き嫌いは別としても、建築家や芸術家であればすぐに区別することができます。

4　快適の一つ上をいく〝超快適〟

私は〝超快適〟をおすすめします。

住宅をつくる時に最初に求められるのは快適性ですが、「超快適」とはそれをさらに快適にするということではありません。

一時期「オール電化住宅」や「スマート建築」なるものが流行りました。今でも、流行っているのかもしれませんが、これは何でもかんでも電気で快適にコントロールしようとするものです。しかもそれがエコになるというものです。

私の場合、快適さをつくるのにはまず「自然の力」でその場所でできる全てを考えます。徹底的に探すのです。井戸があればその水は夏の屋根や床の冷却水としても使えますし、屋根の形を変えることにより風の流れを変えることもできます。窓の大きさや位置、高さで室内の明るさをコントロールしたり、空気の流れをつくって空調に頼りすぎないようにしたりしています。

施設建築では、エレベーターで運動不足になるような環境ではなく、階段を使いたくなるような設計を提案しています。広くて楽しい階段なら、いつでも上りたくなるし、下りたくもなる。薪ストーブなら暖まるまでの時間が待ち遠しくも楽しいのです。

このように自然の力を使いつくしたところで、最後に電気やガスで補う、という感覚です。ただ、いざという時もあります、体の調子が悪いこともあります。そんなに極端に我慢する必要はありません。

室内と外とのつながりをうまくつくれば、少しくらい暑くても寒くても、窓を開けたくなるでしょう。夏の朝、冬の朝、春でも、秋でもいいのですが、朝早く起きて、窓を開けると、外の空気や風が部屋の中へスーッと入ってくる。ザワザワとした樹々の音も聞こえ始める。街の音さえ心地よい時があります。胸が広がっていく瞬間です。「あー気持ちいい」と感じる爽快な気分。これが「超快適」なのです。

つまり通常の快適さにはこの「爽快さ」がないのです。

爽快さには色々な要素があります。

例えば山登りのように苦労して登るからこその山頂での爽快さ。

夏の朝、思いっきり窓を開けっぱなしにできる爽快さ。

窓越しに薫る春の爽快さ。

やることはやったという自信に似た爽快さ。

なんにもないと開き直れた時の爽快さ。

どうでしょうか？　私たちも時には爽快にいきたいものです。

「爽快さは最高の贅沢」なのです。

そしてもう一つ、オール電化は停電になると無力です。私の設計した「超快適」の家に住む方からは、東日本大震災で電気が止まった時、「そんなに不自由はなかったよ」と感謝されました。また今のように、どんどん電気代が上がってくると、オール電化やスマート建築は節電に骨が折れます。私は何も災害や、電気代が上がる事に備えて「超快適」を提案しているわけではないのですが、どんなことにも良い面と悪い面があります。とはいえ、長所が魅力的に感じている時は短所にはなかなか目が向かないものです。

オール電化住宅には「電気代が高くなると困る」というマイナス面がありますが、今後その他の別の欠点が、出てこないとは限りません。次の何か困ったことが出てくるのかもしれません。未来のことはよくわからないのです。

ただ、いきすぎた快適さや便利さには違和感を覚えることは確かです。ですから私は徹底的に自然の力を利用する。何かがあってもなんとか過ごせる家づくりです。その上で部分的に電気や機械で補う。

機能と快適の調和。これが「超快適」の考え方です。

5　建築は建築家が設計して工務店がつくる

最近の建築では「建築家が設計をして工務店やゼネコンがつくる」ということが、一般的ではなくなってきています。ハウスメーカーの場合、決められたシリーズに沿って設計をするので、建築家の設計とは違います。また工務店やゼネコンに一括して建築をお願いする場合は、建築家がその下請けとなり設計することになりますので、その際、建築家にとっての第一のお客さまは工務店ということになり、100%建主側に立つことができないことは理解してあげて欲しいのです。

まずは建築家、設計事務所にご相談ください。これが希望の建築への第一歩になるはずです。

「建物は30年しか持たない」という間違った「常識」

「日本の住宅は30年が限界だ！」などとも言われ、20年も経った住宅は「中古かぁ……」という価値観になってしまいます。でも本当は、住宅は、20年30年どころか１００年２００年経っても現役でいることが可能です。しかも本来建築は、時間が経つほど価値が上がっていかなければいけないものなのです。パリの街並みの様に我が子そして孫へとつなぐ我が家はロマンチックです。これこそ本当のＳＤＧｓなのです。

ではなぜ、日本の木造建築の寿命は30年と言われることがあるのでしょうか？

データは、いろんな見方や解説がつくと異なる意味を提示します。

国土交通省の２０１５年「滅失住宅の平均築後年数の国際比較」の資料では、日本の住宅の平均寿命は32・1年である一方、アメリカは66・6年、イギリスは80・6年と記されています。これは「日本の住宅の寿命は30年」といった説明の時に用いられるデータです。

しかし、実はこの資料では当時何かの理由で壊された住宅の平均寿命をいっているに過ぎません。戦後間もない、まだ物が十分でなかった時代に建てられた住宅が力つき、解体されたのかもしれません。あるいはまだ構造は大丈夫であったとしても急速な時代の変化の中で、軀体（建築を構造的に支える骨組み）に隠れた水回りの配管が取り替えられない、間取りが使いにくい、天井が低い、といった機能的な問題があり、取り壊されたのかもしれません。とにかく何らかの理由で「取り壊されてしまった建物」の平均寿命なのです。つまり、頑丈で壊されなかった「長生きしている住宅」の築年数は、カウントされてはいません。その当時に壊された住宅の平均寿命と本来の住宅の耐用年数とは違います。

税法上における木造住宅の法定耐用年数は22年とされているため、そのことと併せて考えると、日本の木造住宅はやっぱり短命なのだ、と思ってしまうのも仕方ないのかもしれません。

さらに、ヨーロッパは石造りの家なので長持ちするが、日本の住宅は木造なので寿命が短いのだ、という説明までつけ加えられると「なるほど、そうだ」と信じ込んでしまうものです。

しかし、いくらイギリスやフランスといえど、お城や集合住宅などは石造りや鉄筋コンクリート造かもしれませんが、一般の戸建ての家の多くは木造のはずです。

では、実際の建物の寿命はどのくらいあるのでしょうか？

早稲田大学・小松幸夫教授の最新調査「建築寿命の推定」（２０１１年）が参考になります。

丸めて言うと、木造専用住宅の平均寿命は65年。そして「建築の寿命は木造住宅と鉄筋コンクリート造住宅での違いはない」とされています。

さらに国土交通省は、２００８年に「住宅の寿命を延ばす『２００年住宅』への取組」に関するレポートにおいて、すでに「２００年住宅」という概念を使っています。つまり「住宅は２００年は持つべきだ」ということを国が考えているわけです。

ですから、住宅の寿命が30年ということはありません。少なくともたった30年しか持たない家は建てるべきではないのです。

中古住宅にはほとんど価値がない、という思い込み

ヨーロッパの街並みには、気品を感じます。時間という昇華の力と街の誇りを感じます。

私はヨーロッパを訪れる度に想うことがあります。

もしも、人生や仕事の悩みがあった時、パリやロンドンのあの街並みの中で出した答えと、日本の先端技術を駆使した新興住宅地の中で出した答えとではだいぶ違うのではないかと。

どちらが良い悪いということではありませんが、「どちらが好きか？」と個人の好みの問題と片付けてもいけない気がします。価値をつくるためには、多くの人々の手で育まれた長い年月が必要です。それが価値になっていくのです。

イギリスでは、販売される住宅の9割近くが中古住宅で、新築住宅は1割程度しかないといいます。一方、私たちの国、日本での新築住宅の需要は約8割を超えると聞きます。現在の日本人の価値観は、たとえパリの夕焼けの哀愁に憧れを持ったとしても、我が家だけは真新しい方がいいのです。ただ、その一人一人の考え方の積み重ねが今後の街並み、景色をつくっていくことは覚えておかなければいけません。

世代ごとに取り壊すことなくバージョンアップし続ける住宅は、建築としての価値は上がり続けます。

ネーミングって大切ですよね。言葉の影響は大きいものです。

「中古住宅」という言い方は時代を一括りにしていて「時」に対しての敬意がありません。ウイスキーやワインは「時」を大事にしています。時が価値なのです。

「これは18年モノのウイスキーだ」とか「○○年モノのワインが手に入った」などと自慢したりします。

建築も同じように「丘の上の赤い屋根の家 since1947」という名前で呼んでみたり、「Apple 型住宅２０２２」という名前で呼んだり……。ネーミング一つで古い建築にも新しい建築にもそれぞれに愛着が湧いてきます。

ほら、何となく真新しい「新築の３ＬＤＫ住宅」よりも70年前の「丘の上の赤い屋根の家 since1947」の方が恋しく思えてきませんか？

バリアフリーにはこだわらない

「バリアフリーにしなければ」って、よく言われますよね。特に住宅などの設計の際には、何はともあれバリアフリーなのです。

「安全が第一です。老後いずれ改修が必要になります。せっかくなのでここはバリアフリーで」と。説得力ある言葉で説明することができます。

一方、段差がある住宅のプランは適度な区切りと目線が変わっていく変化が楽しいものですが、設計者としてはいざオーナーに相対すると、なかなか提案しにくいものです。

理由が「楽しい」の〝一言〟以外あまり適当な言葉が見つからないからです。

しかし、雑誌などで紹介されるように、建築家たちが自邸で実際によくやるのは、段差をつけたりスキップフロアーだったりと「楽しそうな住宅」ばかりです。建築家もいずれは皆高齢者となるのですが、自らが選んだ住宅のプランは「段差のある家」なのです。

「建築家の家は自分の家だから一生懸命設計して素敵にするんだ」と言う人がいます。

いえいえ、私たちがオーナーに対していろんな提案をしても「それはちょっと……」とか、「私はあのカタログのこれが良い」などと言われると、やはりお客様の意見が第一ですので、私たちもお客様の意見を尊重したいと思うのです。それに、あまり強く提案すると、「自分の作品の実験にしているのでは？」と疑われる恐れもあります。

しかし、それでも私は自分が良いと思ったことは2度か3度は勧めることにしています。たとえ面倒だと思われても、専門家の使命だと思うからです。

ところで、前出の高齢者のための家「道と暮らす家」、バリアありあり住宅は2010年の熊本県の優れた建築物に贈られる「くまもとアートポリス推進賞」を受賞しました。老後の暮らし方に対する答えが評価されたとのことでしたが、実はその頃から専門家の間でも、高齢者のための住宅の在り方は「バリアフリー一辺倒」ではありませんでした。

そもそも高齢者住宅と身障者用住宅とは違います。これからは生涯現役の時代。いつまでも生き生きと暮らせる住宅を目指すべきなのです。もしも最後に体が動かなくなった時は、問題になるのは段差だけではないはずです。

「高齢者用施設か病院で暮らすか？」

「家族が全力で守るか？」

そのどちらかなのです。

今から最後の「もしも」の一瞬に備えて一生を送るより、今を楽しめる時に一生懸命人生を楽しんだ方が良いと思うのですが、皆さんはどう思われますか？

とはいえ、私ごとですが、先の熊本の「道と暮らす家」の平面図を初めて見せた時、母親は、「うぁ〜、段差だらけの家、大変そう……」とぼやいていました。

しかし、暮らし始めると言うことが一変。「この家は面白かぁ！」と、楽しそうでした。段差だらけとは言っても、１階からいきなり２階に上がるような長い階段はつくっていません。１段や２段の階段を上ったり下りたりすれば、どこからでもどこへでも行ける構造になっています。

高齢になり、足腰が弱り始めると、リハビリの施設に行く方も増えます。毎日１段や２段の階段を上ったり、下りたりしていれば、運動機能を維持することができます。しかし、バリアフリーの家では１段や２段の段差さえありません。

高齢者による転倒の原因の多くは、「ほんの数ミリの段差につまずくこと」だそうです。段差の認知能力の衰えが、原因のひとつと考えられています。たしかに、高齢者の転倒は骨折に直結し、寝たきり状態への引き金になる可能性があり危険です。ただ、「この先、一生外出をしない」という方は、おそらくいないはずです。であれば、比較的安全な家の中で日常的に段差の認知機能を訓練するべきです。屋外における段差や道の複雑さは、家の中の比ではありません。

バリアフリーなど段差のない暮らしによって、段差に弱い人間になってしまうことがかえって、危険を招く可能性があるのです。実際、「普段から段差のある場所を歩いていた人の方が転倒事故が少ない」という研究者の報告[7]があります。段差の多い「バリアありあり住宅」に暮らし始めて20年以上経って、母は、今では80歳を超えましたが至って元気です。先日実家に帰った際、一緒に買い物に行きましたが、手すりを使うこともなく、デパートの階段をスタスタと上っていく様子は昔のままの姿でびっくりした程です。

＊7　『ウソだろ!?　バリアフリー』（小山和伸、晃洋書房、２０１０年）

時間が経てば経つほど価値が上がる建築1

本来、住まいは新しいことだけが良い、というものではありません。ところが現実は新築物件に人気が集中します。同じ値段なら新しい方が良いということです。古くなるほど

●時間が経てば経つほど価値が上がるマンション

マンションの家賃は下がり、売却価格もどんどん下がっていきます。そして下がるのは古いからだ、という話になるのです。

世の中には、時間が経てば経つほどありがたいものがたくさんあります。ワインは熟成期間が長いことが尊ばれます。一粒のタネを蒔いた土地には、時間が経てば花や緑が育ち、人々を癒します。お坊さんの説法は新米の小僧の話より、長い修行を経た長老の住職の方がはるかにありがたいのです。住む街も真新しい新興住宅地より、イタリアのフィレンツェやフランス・パリのモンマルトルのような成熟した街に憧れます。いずれも時間が過ぎたからこその価値です。

さて、時間が経てば経つほど価値が出るマンションの話です。これからのマンションには歴史的な文化の息吹を吹き込みたいのです。文化が育てば建築は輝きだすからです。

右の図は私が好きなマンションのあり方の一つを完成予想図にして、ことあるごとに提案しているものです。まだ受注はありません。

図をご覧になりながら、このマンションのオーナーになったつもりの私の独り言を聞いてください。時間が経てば経つほど価値が出るマンションのイメージが伝われば良いと思うのですが……。


南側の煉瓦敷の通路の傍《そば》の、竣工の時に植えた小さなオリーブたちはやがて、夏の日差しに木陰をつくるほどに大きくなっていく。

もっと大きくなったら、この樹の下でチークの椅子に寝そべりながらコーヒーを飲むことが私の楽しみとなる。

音楽家を目指す若者は、その横の小さな広場で今日もバイオリンの練習をする。

建物の外観の統一感は大切だが、住人である新進気鋭の画家がたとえ勝手にベランダを真っ赤に塗ったとしても、
それが芸術というのなら、彼の将来を見込んで許してあげよう。

シャイな若夫婦が階段を上る時に手をつなげるように、石畳の階段の明かりはほのかでロマンチックなガス灯に今度変えよう。

歳を取ったらやっぱり和風が恋しくなるので、どこかに、はなれの茶室があったらいいだろう。

定年退職した校長先生が若者に教えを伝えられるよう、階段の途中に小さな寺子屋もつくろう。

このマンションにはいざとなったら頼りになる赤髭先生がいる。

夕焼けが見える日なら屋上に行けばいつでも会える。

サッカー選手が今度越してくるらしい。とても有名らしい。子どもたちの憧れだ。

ジョン・レノンやいずみたくにも住んで欲しかったが、

……それは仕方ないことだ。

いつのまにか、いろんな人がこのマンションに集まってきた。

政治家もいる。博士もいる。文化の始まりだ。

大変だったが、文化ができるようなマンションをつくってよかったと思う。

似たもの同士が集まって一つの環境ができていく。

幸せそうなマンションだから、人は幸せになるのだ。

元気になる。

街もあかるくなる。

ね、

少しくらい高くったってこのマンション、住みたいでしょう？

時間が経てば経つほど価値が上がる建築2

昨日出会った人よりも、30年来の友達の方がはるかに信頼できます。

時間が経てば経つほどよくなるものは他にもたくさんあります。

以前90歳を過ぎた祖母から「恩は着るもの、着せるものではありません」と窘《たしな》められたことがあります。同じことを若い青年に言われても、腹が立つだけかもしれません。

どんなことでも「新しければ良い」「若いから良い」「このやり方が一番」などと、一つの考え方や方法だけで話を進めるのは、やりすぎなのです。経験や、「時を超えてきた」という歴史の価値は奥深く、その見えない信頼感は万物共有の財産です。大切にしなければならないものです。


少し前、時々通っていた老舗の料亭が改装されました。100年以上続いた老舗の趣は綺麗さっぱりとなくなり、今風のおしゃれな建物になってしまいました。床も壁もピカピカで機能的ですが、私が好きだった昔の風流で粋なあの面影は、今はもうありませんでした。残念だなぁ……と思っていた時、

「綺麗になって良かった！　古かったもんな。ギシギシいって」

と、一緒に行った友人が放った言葉に、私はひっくり返りそうになりました。

「えっ、やっぱりそれが普通の人の考え方なのか？」

そうか、店主もきっとそう思ったのだろうな、と。

当然私はその日、改装前に食べたあの味、あの気分を味わうことはできませんでした。

そこに息づく歴史や、古さが醸し出す趣が否定されたことに、心から落胆したことを覚えています。１００年かかったのに、と。

「昔、ここに伊藤博文も来たのかな」

「明治の女将はこの狭い通路の先頭に立ち、要人たちを導いていたのだろう」

そんなふうに、代々続いた老舗の物語を勝手に私が思い描くことは、今となってはもう出来ません。

「なぜ、建替を担当した建築家は、古家の趣を残そうとオーナーに全力で説得しなかったのだろうか？」

「いや、したんだろうな、一生懸命」

いろんな事情があるものです。

説得して納得してもらえる状況ができるのか？

それが、それこそが、とても難しいのです。

「美味しい」という価値は、料理の味だけでの勝負ではありません。腕利きのシェフがつくった美味しいフランス料理は、フランスのクラシックな趣のある空間でフランスの音楽を聴きながらゆっくりと食べると「食事の時間」が「至高の時間」になるのです。そこに

「時の力」が加われば、なお最高なのです。

少し、話が脱線しますが、私は10年くらい前、「葉山シャツ」というブランドの立ち上げに関わったことがあります。「日本人のために凜とした粋な白いシャツをつくりたい」というコンセプトの、真新しいブランドでした。デザイン性が高く、カッコ良いものをつくるという話になると建築に限らず、家具や照明、器に洋服と、何にでも興味と闘志が湧いてきてしまう性分なのです。

２０１２年、凜とした粋なジャパニーズ・ジェントルマンをつくるため、業界のワイシャツ大好き人間たちが優秀なデザイナーを集め、世界中から最高の素材を集め、最後は数少ない日本の匠が仕立て上げる、という贅沢なワイシャツが完成しました。

ところが、何せ真新しいアパレル会社のブランドでは重厚感がない。高価格帯の商品の販売をするには説得力がなさすぎることは誰もが理解していました。

ちょうどその頃、葉山にある老舗蕎麦屋「如雪庵一色」が暖簾を下ろした、との話を聞きました。文豪も愛したという、その老舗の歴史の力を利用できないかとすぐさま葉山の

●葉山シャツ本店

その店に直行したものです。

その後、店主の快いご協力もあり、昭和初期そのままの建築の面影を残した建物に、真っ白いシャツを並べて「葉山シャツ本店」をスタートさせることができたのです。

老舗感満載となった葉山シャツ本店は、発足1年目から各デパートのイベントで高級シャツブランドとして紹介されるようになりました。また地元でも「葉山シャツは背広より高いが気分が良い」と慕われる存在となっていきました。

それもこれも建築の力、つまり、老舗の趣があってのスタートだったからだと思っています。

新しいことや若いだけが素晴らしいことではありません。偏った考えは捨てるべきです。本当に良いものをつくり、永きにわたって使うことのできる建築をつくるという「新しい建築の常識」が必要です。「つくったものは壊さない」。そして、その次の継承時には「もっと高付加価値をつけて譲る」という考えです。これは価値あるものをつくるという覚悟です。少なくとも200年は壊さないぞ、と。

果たして今、私たちの周りを見て、200年残したい建築はいくつありますか？

健康住宅だけでは「健康的な人間」にはなれない

「健康住宅」という言葉を聞いたことがあります。ホルムアルデヒドなどの化学物質を使わない、自然志向の建築資材を使用することに加え、高断熱で省エネ機能、さらにはソーラー発電などを備えた住宅のことです。

一時期、「シックハウス症候群」なる健康被害が社会問題化したことがあり、建築の健康に与える影響が心配されました。

しかし今日では建築基準法においても、ホルムアルデヒドなどの化学物質に関しては厳しく規制されており、さらに室内空気の浄化のための24時間換気設備は、どの住宅にも設置が義務付けられています。

また、建築物の断熱性能については、省エネ建築のガイドラインも示され、省エネ法によるチェックも行われてきていますので、これから建築されるオーナーの方は、シックハウス、断熱などについてはまずは安心できそうです。

このように最近の住宅は、以前に比べるとずいぶんと機能が強化されています。さらにそのあたりをもっと追求したのが、「健康住宅」と銘打った住宅といえるのでしょう。

それゆえ、そのような「健康住宅」は快適です。

しかしながら快適なのは、今この瞬間のこの場所に限ってのことなのです。これから先、より健康になっていくということではありません。なぜなら本当に健康であるためには、心にも体にも適度なストレスが必要だからです。

「快適」の限界です。

我が子には、温室育ちよりも雑草のように逞《たくま》しく育って欲しい。そう思っている親御さんも多いのではないでしょうか。人が生きていくためには、少しは努力が必要ですよね。

前述した「超快適」について、健康という側面からもう少し掘り下げてみましょう。

快適性には、もともと加減が必要だと思うのです。

24時間完全に空調が利いた快適な箱があったとしても、それが本質的に良い住宅とはいえないのです。

何年か前、私は、我が家でアグレッシブな自然住宅をテーマに、「快適ではない住宅」を実験的に体験したことがあります。40坪の鉄筋コンクリート造の住宅で、電気は家全体で30アンペア、室内外共にコンクリート打ちっぱなし仕上げ。断熱処理もあえてしてありません。

「コンクリート打ちっぱなし仕上げの住宅は、暑いし寒いしで住めたものではない」とはよく聞くことです。しかし、果たしてあんな発泡スチロールのような断熱材が、そんなに効くものなのか、と試してみたくなったのです。今思えば建築家が考えるようなことでは決してないのですが。いや人として……。コンクリート打ちっぱなしに住む魅力も肌で実感したかったのです。人の家では絶対できないので、我が家の内装工事前にその状態でしばらく住んでみることにしました。期間は2～3年です。

室外と室内を自由に行き来できるような設計プランだったため、開放感は抜群で、毎日がリゾートにいるよう。特に春から夏、そして秋へと移り変わるまでの風が心地よい季節の、その至福の時間については、満足感を言葉で伝えることはできません。エアコンのない夏でしたが、私は夕方には庭に水を撒き、心地よい風に当たりながら食べたスイカの味の幸福感しか覚えていません……。

しかし、問題は冬でした。特に1年目、これは本当にキツかった。寒かった。家にはストーブが全部で2台しかありません。エコを貫くためです（ついでにテレビもやめました。どうせなら、自らの感覚を磨こうと思ったのです）。

家の中よりも外の方が暖かかった日にはびっくりしました。

室内でも、朝起きてから寝るまでジャケット着用の毎日でした。同じく辛かったのは妻の「寒すぎる！　これが家なの!?」という容赦ない言葉。それにただ耐え続けた1年目の冬でした。

それでも一度だけ誉められたこともあります。

ある雪が降った日の夜に食べたうどん。相変わらず室内はとても寒く、窓ガラスは蒸気で真っ白に結露して、フーフー言いながら2人で食べた鍋焼きうどん。「こんなに美味しい鍋焼きうどんを食べたのは初めてだわ」と言われました。

皮肉で言ったに決まっていますが、案外心から漏れてしまった本音なのかな、とも思っています。

そうこうしているうちにやってきた2度目の冬。「今年もまたすごく寒い冬がくるぞ！」と身構えていたのですが、そんな年に限って一向に寒くはならなかったのです。

「よかった！　今年はあったかい冬で助かった」などと話していたのですが、実はなんとその年は、近年で一番寒い冬だったと後にニュースを見て知ることになりました。

なんと私たちは、たった1年で体が寒さに慣れてしまったのでした。

実際、皆がコートを着るくらいの寒い日？　でも、私は薄い上着1枚で仕事ができる丈夫な体になり、皆から「後藤さんは寒さに二回り強いね」などと言われ、幾分得意にもなっていました。

昔の住宅はすきま風が吹きこみ、とても寒いものでした。その頃から比べると今の住宅の性能は驚くほど進化し、現代の子どもは生まれた時から大人になるまで、ずっと快適な家で育ちます。

そんなに快適すぎて、大丈夫でしょうか？

ジャーナリストの立花隆氏が「生きていく上で大事な能力は悪戦苦闘能力だ」と言われていたことを思い出します。どんなに便利な社会になろうとも、私たち人間は自分の器は自分でつくるしかないのです。種田山頭火というお坊さんは「まっすぐな道で淋しい」とも言っています。

「毎日が晴れだったらいいのになぁー」と完璧を願うかもしれませんが、それではどんなところも砂漠になってしまいます。わかってはいても雨の日の当日はやはり嫌なものですが、それでもそれを適度に取り入れた、日本のような梅雨もあれば夏もあるような気候が、実際は良い気候といえるのだと思います。

これが「超快適」の考え方なのです。

便利で快適が当たり前になった現代だからこそ、快適をゴールにすることなく、快適の1歩も2歩も3歩も先をいく「超快適」、「爽快」のある住宅をつくりましょう。

ちなみに「便利最小限」の我が家の実験住宅は3年で終了し、やっぱりもう少しだけ快適な方が良いと、その後「超快適」な家へと内装工事が行われました。もうだいぶ昔の話です。

長期優良住宅よりも、進化する住宅

長期優良住宅という言葉を聞いたことがありますか？

耐久性、耐震性や省エネ性、バリアフリーなど長期使用のために必要な条件や基準を満たした住宅のことです。「100年、200年住める住宅」というのが長期優良住宅の目指すところ。国は税制優遇まで行って普及させようとしています。

耐久性を高めた建築の長寿命化は価値あることです。

ただ、耐久性と機能性の向上だけでは建築物の長寿命化には不十分です。建築には芸術性や楽しさの要素もなければ、末長く残る建築的財産にはなりません。

見る者や使う者を和ませる芸術性があればこそ、メンテナンスをする意欲も湧く。価値があるからこそ、修復を繰り返しながら長年受け継がれていくのです。

日本には奈良の法隆寺や正倉院、京都の平等院などのように建築されてから1000年以上経過している建築物がたくさんあります。こういった歴史的建築物は、決して機能や耐久性だけで1000年以上も残ってきたわけではありません。価値が認められたからこそ、生かされてきたのです。

住宅建築の長寿命化にとって「美しくて楽しい住宅」は大事なテーマです。毎日の暮らしが楽しければ、工夫が生まれる。もっと良くしたいと思う。想像力も働き、愛着と時間が家を進化させます。新築時が美しくて本物であれば、その美しさが増幅しながら家という建築も、大きく進化していきます。

最初につくる核が大切です。長寿命化は大事ですが、耐久性には限度があります。進化できる価値ある建築を、私たちはつくっていかなければなりません。

エアコンの位置は？「カッコ悪い」が「カッコ良い」

いきなりエアコンの話ですが、建築の本質を理解する上でわかりやすいのでお話しします。

「リビングはおしゃれにしたいんです。エアコンは見えないよう、天井埋め込みにしてスッキリさせてください。それから照明は間接照明がおしゃれですよね」

住宅建築の時、オーナーからはよくこんな風に要望されます。

天井埋め込み型のエアコンは、商業施設や事務所ビルなどでよく使われるシステムです。

●エアコンが天井についているクリニック

壁にエアコンがなく一見スッキリしています。壁には取り付けていないので、当たり前なのです。

その代わりに天井面にはエアコンの吸い込み口や、吹き出し口などが大きく目立ってしまいます。これはこれで気にならないのかなぁ、といつも不思議です。

私は個人的には、天井埋め込み型のエアコンが特別にカッコ良いと思ったことはありません。

天井面のデザインは見過ごされがちですが、空間の広がりの印象を決める、いわば隠し味としての大切なポイントです。空間の中のわかりやすい部分だけを先に先にと、虫食いで

●壁掛けのエアコンのクリニック

デザインしていくと、本質的な価値ある美しさに近づくことはできません。

例えば、上の写真をご覧になっていかがでしょうか？

奥の壁に、白い壁掛けエアコンをいきなりドンと取り付けてあります。ここはクリニックの待合スペースなのですが、空間を広く見せるには天井面をスッキリさせる方が効果的だと判断したため、埋め込み型のエアコンは使用せず、壁掛け型のエアコンにしました。

カッコ悪いですか？　この壁掛けエアコン？

もう10年前の写真ですから、最近ではもっとスリムでカッコいいエアコンもたくさんあると思います。

埋め込み型のエアコンや間接照明がいつでもカッコ良い、というのは先入観だと思います。おしゃれな雑誌などで「今風な空間の写真」としてそれらを紹介しているのが原因かもしれませんが、空間の良し悪しはそんな小さなことでは決まりません。

夕食を楽しむダイニングなら、間接照明よりもおしゃれなペンダントライトやシャンデリアの方が良いことだってあります。

「スピーカーをつけるなら、某有名メーカーにしてほしい!」と要望されるオーナーの多くは露出型のスピーカーを好みます。それは「カッコ良い」からですよね?


ここでエアコンの話をしたのは、天井埋め込み型がカッコ良い、カッコ悪いといった話をしたいわけではありません。もっと本質的なことがあります。

それは「設備の寿命と建築本体の寿命は違う」ということです。

もともと、エアコン等の設備の耐用年数は10~15年程度であるのに対し、建築本体のそれは50~100年以上と、圧倒的に長いのです。

その上、エアコンや照明器具などは年々驚くほどの速さで進化していきます。一方、建築本体は大抵の場合、その対応についていけません。そのため、エアコンの故障や交換の度に大掛かりな工事が発生するなど、設備の性能の進化に建築本体が追いつけなくなります。

壁や天井の中に隠された設備の配管などが寿命をむかえ、あちこちで漏水などが起こると、建物それ自体に相当なダメージがあるという印象を受けてしまいます。すると、建築本体はまだまだ大丈夫だとしても、「もう建て直しだ！」「建物の寿命だ！」という話になってしまう事があるのです。つまり、設備が建築の寿命を決定してしまうのです。

私は、設備を「カッコ悪いから」と言ってむやみに隠してしまうのはよくないと思っています。「見せる＝カッコ悪い」と思われがちな設備周りですが、実は「見せる＝カッコ良い」そんな場合も意外と多いのです。

フランスのパリにあるポンピドゥー・センターという建物は、世界的に有名な建築家、レンゾ・ピアノとリチャード・ロジャースの設計です。美術館や図書館などが入っているこの複合施設は、赤や青色に塗られた空調や水道、電気などの設備・配管が、建築本体とは切り離され、むき出しになっています。普段は隠れている設備を積極的に見せた名建築です。

芸術がテーマの美術館の建築で、設備・配管が露出しているのです。「配管や電線カバーがカッコ悪い」といった先入観の先を行くデザイン。配管がむしろカッコ良いのです。受け入れたパリっ子の美的感覚には脱帽です。

家づくりは展示場ではなく建築家へのメールから

建築設計事務所を営んでいると、知り合いやそのまた知り合いから「我が家を建てるので相談に乗ってほしい」と言われることがあります。「設計してほしい」のではなく「相談だけしたい」というのも結構あります。

そのような相談の大半は、工務店やハウスメーカーからたくさんの提案を受け、その中で心に決めたプランがすでにある。しかし、欠点もあるから修正してチャチャッと一味加えてアップグレードしてほしい、というのが希望です。チャチャチャッとサッサッサと線を何本か入れるだけにしてほしいのです。

あまり余計なこともしてほしくはないのです。「これよりいい案はない」ともう決めてしまっているからです。

それでもやはり私たちは、そういった設計プランを見ると気になってしまい、少しずつ線を入れていくことになります。するといつのまにか、まるっきり違う案になってしまうことも時々あります。

せっかくなので出来上がったそのスケッチ図面を相談者に見せると大概は、「えっ、こんなになるの？　凄い！」とか、「初めから設計お願いできますか？」ということになります。

なぜ、住宅に限らず建築の時、はじめから建築家、設計事務所に設計を依頼するという文化が醸成されないのだろうか？　といつも思うのです。

「なぜ設計事務所に最初に相談しないのか？」興味があるので機会がある時に、いつも聞いてみるのです。大体の答えはこんな感じです。

・工務店にもメーカーにも設計者はいるのだから同じことではないか？
・設計事務所は少人数でやっているので、何か問題があった時心配だ。それよりメーカーや規模の大きい工務店の方が安心だ。

・自分の好きな家を建てたいが、設計事務所に頼むと、こちらの要望を聞いてもらえず、しかも何かの実験台にされそうだ。

・ネットを見ても、どの設計事務所が良いのかわからない。

・好きな建築家に頼むと設計料が高いだろうし、どうやって頼めば良いかもわからない。

・こちらの要望通り建てるのだから、誰が設計しても大した違いはない。設計料を払うくらいなら、最新型のキッチンやユニットバスにお金を掛けた方が良い。

・そもそも住宅って設計事務所は設計しないんでしょう？

・設計事務所は営業もしていないし無愛想で嫌だ。メーカーの営業は愛想良く、なんでも聞いてくれる。

・設計料が別途かかるし建築家に頼むとさらに高い。総建築費がかさんでしまう。

・最近はネットで何人かの建築士に案を出させ、気に入ったものをコンペできるシステムがある。わざわざ苦労して設計事務所を探す必要はない。

・建築は設計だけでなく施工や監理も重要だから、一体的に責任を持つ工務店やハウスメーカーが安心だ。

・建築家に一度声をかけてしまうと断りにくく、あとで面倒だ。

でも、ごめんなさい。これらは全部違います。

設計事務所の設計は工務店やメーカーと違い、どうやったらつくりやすいのか？　楽なのか？　どの材料を使いたいのか？　など、施工者やメーカーに気兼ねすることはありません。いつでも依頼主であるオーナーの味方です。オーナーの立場でたくさんの選択肢、自由なアイデアをいっぱい持っているのです。

どこの土地がよいのか？　こんな夢実現可能か？　どんな家が良いか？　予算のこと、銀行のこと、施工業者のこと、その後のメンテナンスのこと。家相や風水、宗教上のことや家族の事情などいろいろなことを、設計事務所の方に聞いてみてください。きっと良い解決策を教えてくれるはずです。

それから、設計料を支払うとその分損だという考えも違います。設計料以上の価値があるから建築家が存在するのです。

建築家は、コストを下げる本質的なノウハウをたくさん持っています。安易に安い材料を使えば良い、ということではありません。また、オーナーの代わりに工務店に掛け合って予算を交渉したり、無理難題の工事を説得したりもします。行政と掛け合うこともしばしばです。とにかくお客様の建築の利益のために一生懸命なのです。

その代わり、設計事務所はハウスメーカーなどと比べると宣伝が下手なのかもしれません。コミュニケーション能力も相当落ちるかもしれません。ホームページを見ても気取ってばかりでよくわからないことも多いのでしょう。

多くの方は「家をつくろう」と思った時、まずは住宅展示場に出かけるのではないでしょうか？　実際に行ってみると楽しいですよね。

それでもいいのです。はじめは。

けれども展示場巡りの次は必ず、興味のある設計事務所にも連絡をしてみてください。

ホームページや雑誌などを見て、「こういう考え方の人に設計してもらいたい」「こんな家、いいな」と思う建築家にアプローチをしてみてください。

「断られるのではないか？」と不安ですか？　どうってことありません。そんなこと。

今はメールという便利な道具があります。たとえ断られたって、傷つくことはありません。思い切って相談してみましょう。実は建築家はそのメールを待っているのです。

建築家は「建築愛」でいっぱいの人ばかりです。建築が好きで好きで仕方ない者たちの集まりです。建築学科を卒業して公務員として建築に携わったり、大手ゼネコンに就職したりすればそれなりに安定した生活ができるのに、わざわざ建築設計のために、年中働くことを選んだ人たちです。趣味と職場が一緒になったような場所が、建築設計事務所なのです。しかも皆、学生の頃からデザインセンスに自信満々の強者ばかりです。

私も小さい頃からつくることやデザインすることが大好きでした。小学校の頃は、木曜日の図画工作の授業が月曜日の朝から、もう待ち遠しくて寝られないくらいでした。

当然、美的感覚には自信満々でしたが、設計事務所に実際に勤めてみると周りのみんなもすごかった。嫉妬するような才能の持ち主がウヨウヨしていました。だから負けまいと頑張った。するとまたみんなも頑張る。

そうやって切磋琢磨している建築家が集まっているのが、私が知る設計事務所です。

もちろん建築は純粋な芸術ではありません。建築の竣工後はオーナーが毎日使います。人の好みというのも皆違います。使い勝手にも好き嫌いがあります。

もちろんオーナーの意見が最優先です。そこは建築家であれば皆わかっていますので、ご安心ください。

先ほどから、建築家という言葉が出てきていますが、建築設計士という図面をまとめ上げていく技術的な職業というイメージに、自分なりの建築に対する理念、本質へのこだわりを信じて、その実現に突き進む、いちいち凹まない、というプライドを加えて、この本ではそういった建築士のことを「建築家」と呼んでいます。

一生に一度の高価な買い物である住宅。大切な資産になる建築。建築の設計のことは建築家、建築設計事務所へどうぞ！

第2章

「坪5万円」を ケチっては いけない

「千年設計」の 落とし穴

第1章では、一般建築や住宅建築についての誤解や、間違って捉えそうな事柄について取り上げました。また、家を建てようと思った時には、はじめに設計事務所の扉を叩いてくださいという話もしました。本章では、その辺りについてもう少し詳しく説明を加え、さらに建築家と一緒にベストプランをつくるために知っていただきたい事柄についてもお伝えしようと思います。

設計料「無料」や「格安」は結局、得ではない

もしも、工務店やハウスメーカーが設計・施工を担当した住宅が3000万円で、建築家が設計した、より楽しくてすごい家が2500万円であったとしたら……？　当然、後者が良いに決まっていますよね。

コスト管理された良質な建築、それが「建築家の設計の力」なのです。

たとえ建設費の他に、設計・監理費が300万円や400万円かかったとしてもなお、お釣りが来ます。なぜ設計・監理費を支払うと建築のトータルコストが下がるのか、もう少し詳しく説明します。

車の値段っていくらですか？　と漠然と聞かれても答えようがありませんよね。軽自動車なのか？　トラックなのか？　それともフェラーリやベンツのような高級車なのか？

あるいは、よりリーズナブルな中古車なのか？　どんな車をどんなオプションをつけて買いたいのか、ディーラーの展示場でカタログや実物を見ながら、一つ一つ確認して買いたい車と仕様を決めていくはずです。

車の購入とは違い、建築の場合は最初に大体の予算と家についての希望を建築家に伝え、その土地に合わせた設計図や完成予想図をまずはつくらなければなりません。少し時間がかかります。その代わり、設計図さえあれば、さまざまな建設会社に同じ建築物の価格、補償などについて問い合わせることができます。たとえ同じ仕様の建築物であっても、建設会社によっては建設費に1割から2割の価格差が出ることも稀ではありません。設計料の数%の価格差など問題ではありません。同じ設計図があれば、基本的にはどの建設会社が建てても同じものができます。安かろう悪かろうがなく、その会社の姿勢や、担当者の人柄まで見て判断する事ができるのです。安心ですよね。

当たり前のことですが、建築には設計図は必ず必要です。誰かがその作業を必ずやらなければなりません。メーカーの設計部なのか、工務店の設計部なのか、設計事務所が直接行うのか、工務店の下請けとして設計事務所が行うのか、のいずれかなのです。設計事務所のスタッフ、建築家の給料が特別高いという話も聞いた事がありません。

別立てで、明瞭に、設計・監理費と請求されると「余計な費用」だと勘違いしてしまうだけなのです。

実際はこれまでのどのオーナーも、窓口こそ違えど、お支払い済みの費用なのです。

設計費とはその物件の設計について調べたり、考えたり、実際に図面を描いたりするために費やされた時間の対価です。建築価値を少しでも上げるために、メーカーや役所に相談や交渉をします。その情熱次第で当然結果は大きく違います。コスト削減のためには業界で培ったコネも使い、駆け引きを行う時間なども含まれます。そのほか、少しでも精度を上げるために、デザインする仲間や、アシスタント、構造設計事務所や電気や機械設備の設計事務所、省エネ性能をチェックしてくれる事務所など、その道の専門家に協力をお願いします。

時間をかければかけるほど設計料は上がっていきますが、設計に時間をかければかけるほど建築の質は上がり、コストは下がっていくのです。

また監理費というのは、工事中、専門知識の少ないオーナーに代わり、その場その場で問題解決の矢面に立ち、一番良い方法を考え、さらにはバージョンアップのチャンスも窺いながら監理をすすめていくために要する時間の対価です。これらは全て価値ある建築をつくるために大変重要なことです。繰り返しですが、設計の時間をかければかけるほど良い建築ができます。

建築家はどうやってコストコントロールをするのでしょうか？　例えば、ローコスト建築の場合でも良いものができるのでしょうか？

街かどにある、「町中華」。美味しいですよね。しかも安い。伊勢海老やキャビアなどの高級食材には目もくれず、絶妙なレシピだけでの勝負です。特別な材料は何も無く、調味料もいたって普通です。私たちが普段使っている塩や醤油、砂糖などのコントロールだけで感動の味をつくっているのです。

建築のコストコントロールも同じです。建築家なら大理石や銘木など特別な材料は使わなくとも、配置とバランスだけで感動の空間をつくることができます。

ゴルフ用語で「上がってなんぼ」という言葉がありますが、上がるのを待つまでもなく、建築家主導の建築づくりは遥かにお得なのです。

もうおわかりいただけましたか？

建築家は美術館や名建築をつくることだけが生きがいではありません。予算がない時でも意気投合したオーナーのためなら、建築家は建築魂に火がつき、予算がないからこその「感動設計」が生まれることも知ってもらいたいのです。

「設計料が高ければ高いほど良い建築ができる」とは思いますが、自分が興味ある建築で、感動する建築をつくるためなら「手弁当でも良い」という建築家さえいるほどです。

設計事務所をどう探すか

建築家なら、設計事務所なら誰でもどこでも良いかと言うと、もちろんそうではありません。音楽でもどんな音楽でも良い、レストランならどのシェフでも良いというわけにはいかないのと同じことです。

本当に実力のある建築家、設計事務所であるか、の判断は当然必要なことです。

建築家の価値観や経験、つまり設計事務所としてのこれまでの実績などは一つの大きな判断材料です。新人がいきなり名建築をつくることも時にはあるでしょうが、建築家は人生の晩年に傑作が多いことも特徴です。

これまでの依頼人には大変申し訳ないのですが、人生と同じように、建築でも時には失敗してしまうことがあります。私もこれまで、いつも建築に一生懸命だったとは思いますが、たくさんの失敗もしました。オーナーに多大なご迷惑をかけてしまったことも過去には何度となくあります。もちろん、一つ一つ丁寧に誠心誠意、解決してきたつもりではありますが、結果として、そうした失敗の度に大きな教訓を積み重ねながら、長きにわたり少しずつ建築の道を進んできたように思います。

建築は壮大な叡智の結集で成り立つものです。そのためには、どうしてもある程度の経験や実績が必要です。また多くの人との共同作業ですので、人生経験に裏打ちされた人間力が必要なことはどの仕事でも同じでしょう。そういうこともあって、建築にはたくさんの経験が必要になってくるのです。

そうはいっても、まだ経験も浅い若手の建築家と感性が合って、その建築家に依頼したいと思うケースもあると思います。

大丈夫です。そんな時には、良い方法があります。

それは若き建築家を理解する先輩建築家や良き建設業者と組み、一緒に建築を進めていくことです。そうすることで経験や実績にとらわれない、全く新しいアイデアや建築が生まれるはずです。

また、自分と相性が合う建築家なのかどうかはよくよく検討したいものです。シャネルやアルマーニなどどんなに有名ブランドであっても、自分に合わないものは合わないのです。

自分に合った建築家、設計事務所探しは、多少の手間もかかりますが、ご自身の建築にとって必ず良い結果をもたらすはずです。恋愛と一緒です。一生懸命探してみてください。

大事なお買い物ですから。

テレビなどによく出てくる有名な建築家だけが良い建築をつくっているわけではありません。また、いざ、その建築家に設計をお願いするにしても、すぐにはできないかもしれませんし、設計料が予想以上に高額かもしれません。それから実際、オーナーご自身と相性が合うのかどうかも、その時になってみないとよくわからないものです。

最近はテレビや雑誌に頼らずとも、ネット検索でもさまざまな建築家や設計事務所を探し出す事ができます。有名ではないかもしれませんが、近くにも遠くにも優秀な建築家はたくさんいます。知名度以上の実力を持った建築家も、実はたくさんいます。そういった人をきっと見つけられるはずです。

それでも住宅建築なら、まずは周りの知り合いのさらに知り合いなどの中に相性が合いそうな建築家がいないか探してみると良いでしょう。オーナーご自身の好みをまとめていく作業は、建築家なら誰でもうまくできると思います。住宅建築において、作品の好みも大切なことですが、建築家の人柄も同じくらい重要なことなのです。なぜなら計画中、建築中、完成するまでには様々な問題が出てくるからです。知り合いなら、そんな時には勇敢に親身になって対処してくれるでしょう。

でも、なかなか知り合いのネットワークで探すことは難しい場合もありますよね。

しがらみが嫌だとおっしゃる方もいます。

そうであれば、建築家の人柄や会社の社風は、ネット検索でもある程度推測することができます。設計事務所のホームページをよく見てみましょう。「建築の良さはよくわからない」という方も「ホームページの良さ、好み」ならなんとなくわかるはずです。建築家はクリエーターです。ホームページのつくり方、感性は建築の考え方そのものといえます。ホームページ作成業者主導で勝手につくられている、ということはまずないはずです。つまり、その建築家のホームページとご自身の感性が合っているかどうかを考えてみれば良いのです。

「あっ、ここのホームページ好きだな」

「なんか嫌だな」

なんとなく感じますよね？

その感覚、おそらく間違っていないと思います。

建築の時にまずは設計事務所へ相談するという文化がないのは、建築家や設計事務所にも問題があります。建築家に頼もうと思っても、その姿や様子が見えないのです。今、多くの設計事務所は「ビルの一角」や「住居に併設された仕事場」で、そう人目につくこともなく、営業を続けています。誰も設計事務所がどこにあるのかわかるはずはないのです。わからないところに出かけていくには勇気がいりますよね。大きな買い物ですから、ホームページだけで理解すればそれで良いというわけにはいきません。

もし、設計事務所がもっと身近で理髪店やコンビニのように「街かど」にあれば、住宅など身近な建築の相談事の時でも、気軽に声をかけやすいのだろうと思います。さらに、感性ある若き建築家をサポートする体制ができれば、たくさんの街かどに設計事務所ができていくことでしょう。そうすると建築をしようとするオーナーは、それなら最初に設計事務所に行こうか、建築家に話を聞いてみようか、という流れができていくはずです。


私事ですが、そのような想いの中、私たちは「街かど設計」というブランドを新たに発足しました。

１号店は横浜市の鶴見の商店街の中の小さな小さな店舗ですが、２０２３年の2月にスタートしました。今後、たくさんの建築家との出会い、いろんな方との出会いを通じて「街かど設計」がその名のとおり商店街など、各地の「街かど」にできていくのを私は夢見ています。建築の日々の問題に専門家として街の方々と一緒に正面から向き合っていくことが、建築家の使命でもあるのです。

オリンピックの競技場や、美術館や超高層ビルの設計は建築家なら誰もがやってみたいものですが、日本の文化としての景観をつくっている大きな要素は、実は、いま私たちが日常的に利用する商店や住宅などの「建築の質と景観」なのです。

要求を捨てれば捨てるほど価値ある建築ができる

建築は、要求を捨てれば捨てるほど価値あるものになります。

全く同じ味のラーメンであったとしても「ラーメンとうどんの両方を出すお店」よりも「ラーメンの暖簾1枚の老舗の店」の方に行ってみたいのではないでしょうか？

なんとなく美味しそうなイメージがあります。

もう少し喩えてみましょう。

その昔、スピーカーを捨てた音響機器が登場しました。ソニーのウォークマンです。今でもいろんな形で進化を続けています。

スティーブ・ジョブズはコンピュータからキーボードを捨てて、iPadをつくりました。

スーパーの大量陳列をやめたら、コンビニができました。

このように、得るものが大きいものは、捨てたものも大きいのです。

建築も同じです。捨てるものが多ければ多いほど、建築はよくなっていきます。個室は3室は要らず、2室で良い。寝室はベッドが入れば良い。車は1台駐められれば良い、等々……。その代わりにご自身の一番大切な「暮らしの夢」は、大いに追いかけることができます。

「ソファーは要らない。家の真ん中に大きな栗の木の大テーブルを置いて、家族誰もが自由に使おう。みんなの停留所だ。私はそこで毎日小説を書いて芥川賞を目指すぞ！」と。捨てることを決めれば大概の夢は叶う。

知識と決断。最後は自分自身の哲学なのです。

私は、「人生の成功者」といわれる方々にお目にかかる機会がままあるのですが、皆さん驚くほど「捨て方」があっぱれなのです。

あるメーカーの社長は、地方から工場の誘致を受けた際、用意された2つの候補地のうち「私は、海に近くて商品が運びやすいこの場所がいい」と即答されました。私から見ればどう考えても、もう一つの「街中の用地」の方がずっと良さそうに思えました。将来の土地の値上がりも期待できそうですし、品物を運ぶといっても最後はどうせトラックを使うでしょうから、ほんの少し余計に走るだけではないか、と。ところがその社長はスパッと決めるのです。「ここが海が近くて良い」と。あくまで海なのです。

そもそも決断とは、合理的な判断が求められているというよりも、ただ決断する決意と、哲学が試されているような気がします。事業を拡大されているいろんな創業者とお会いするうち、そう思うようになりました。

ちなみにその土地の後日談をお話しすると、その社長が選ばなかった「街の中にある敷地」はその後、地域の複雑さもあり、周辺を含めた開発が大きく遅れてしまったのです。「海に少しだけ近い土地」につくられた工場はその後、まもなく訪れた商品の需要の波に乗り、会社の躍進のきっかけとなりました。

その用地の土地としての価値だけを見ると、選ばなかった「街の中の用地」の方が高かったのかもしれません。しかし、事業のタイミングや、その場所だから生まれた出会い、その瞬間だから巡り合えたチャンスなど、様々な縁を予測することは誰もできないのです。

「あのスパッとした決断」が「引き寄せた幸運」と考えるしかないのです。

さて、住宅建築の場合の捨て方の話をしましょう。

以前、親しき旧友から「４ＬＤＫの家をこのくらいの値段でつくれないか？」と相談を受けました。まだローンが相当残っている住宅を、地震の被災のためにもう一度建て直す必要があったからです。「このくらいの値段」とは具体的には書けませんが、一般的な４ＬＤＫ住宅の相場の３分の２くらいの予算だったと記憶しています。

４ＬＤＫというと、一般的には一戸建ての家で35坪ほどのイメージでしょうか。

私は設計するにあたり、坪数や大きさを一般的な４ＬＤＫの半分近くにすることが一番良いと考えました。安普請《やすぶしん》のコストダウンではなく、むしろ上質な空間を目指したかったからです。子どもも大きかったということもあり、いずれ夫婦２人になった時には20坪くらいの建物はちょうど良い大きさです。

喩えが極端かもしれませんが「とらや」の高級羊羹を半分の値段で買うには、半分の大きさの羊羹を買えば良いのです。同じ高級品が買えます。第一そんなにたくさん一度に食べることはできないので、結果的には食べ過ぎないという利点までついてきます。

私は、旧友に広々としたリビングとダイニング付きの４ＬＤＫが「その価格」で実現することを伝えた上で、以下のような捨てる、諦めてもらうことを提案しました。

1　個室は寝室として、寝るのに快適なだけの空間にする。

2　廊下や階段スペースをつくらず平家とする。

3　日頃から断捨離に勤《いそ》しみ、収納スペースは最小限にする。

4　その代わり、リビングやダイニングはみんなが集まりたいと思える贅沢な空間にする。

5　坪数だけをみると小さく感じるので、開口部を大きく明るく取り、吹き抜けのような広々とした縦の大空間をつくる（その代わり、少しだけ暖房費がかかるかもしれない）。

友達なので伝えやすくもあり、お互いに信頼関係もあったので即答でした。

「それでいいよ、好きなようにやってくれ」と。

私は一般的な35坪の家に必要な機能のすべてと、圧倒的に開放された空間を21坪の中に盛り込んだプランをつくりました。

面積を減らしても予算が足りなかった場合、それを調整するのも設計事務所の仕事です。

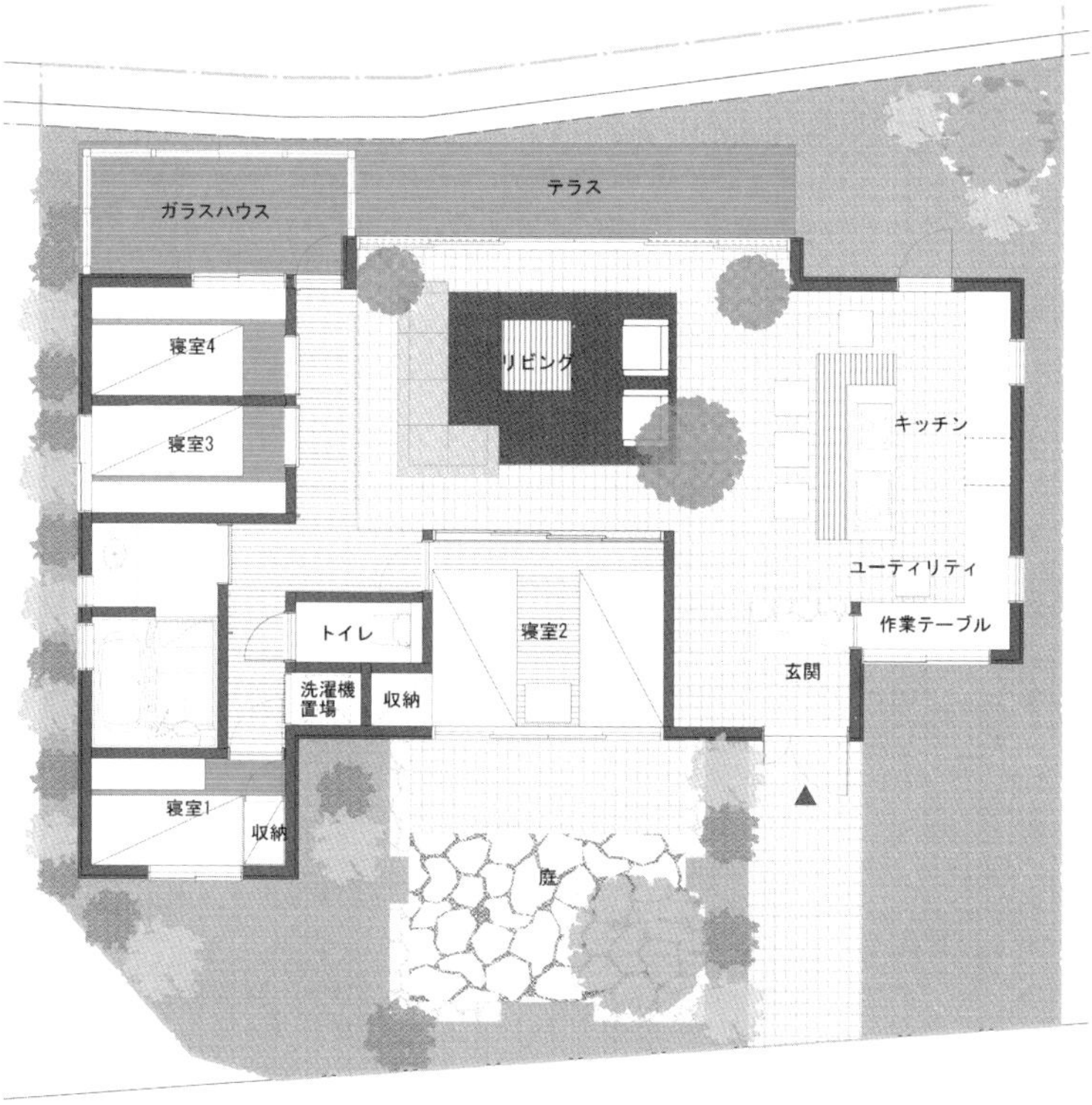

●約70㎡の4LDKの家
（ダイニングキッチン30㎡〈キッチン含む〉のほか4寝室・ユーティリティ付き）

別の旧友の工務店の社長に「友達のためだ！　予算はこれだけだ！」と断固として、しかし平に、平に泣きを入れたのです。

前ページにあるのが出来上がった平面図です。

リビングの屋根裏を一部使い、疑似的な吹き抜け空間をつくりました。大きなガラスサッシは北側を向いているので、普段はカーテンを開けっぱなしにしても明るすぎたり、眩しかったりすることはありません（北側は竹林が続くので窓全開が可能です）。

南からの光が欲しい時には、吹き抜けの上にある屋根の下の窓からいくらでも取り入れることができます。廊下や階段が狭いと全体の空間が窮屈に感じてしまうものですが、この家のようにいっそのこと全くなくしてしまえば、とても広々とした空間イメージになるのです。

寝室なんかちょうど良いですよね？　４ＬＤＫ！

細かいことばかりを気にしているといい家はできない

以前、住宅の設計の時にオーナーから言われたことがあります。

「段差があると、お掃除ロボットが使えないので、家の中には段差をつくらないでほしい」と。バリアフリーに特段のこだわりはないが、段差があると面倒で、掃除も不便だという意見です。

以前、ひろゆきさんという方がYouTubeで話していたことが面白かったので紹介します。

それは、ざっとこんな話でした。

ここに少し大きな壺があるとします。その壺にゴツゴツとした大きめの石を詰めるだけ詰めます。「もう入りません」というくらいまで詰めます。

もう壺には石は入りませんか？

いいえ、最初に入れた石よりもっと小さな石なら、ゴツゴツした大きめの石の隙間に入っていきますよね。それでもすぐに石は壺の縁いっぱいになってしまいます。

もう入りませんか？

いや、さらに小さな砂の粒なら、その隙間を狙ってまだまだ入っていけます。

つまり「形を変えて工夫すれば方法はたくさんある」という話なのですが、本当に大切なのはここからです。

もしも最初から壺を小さな砂の粒でいっぱいにしてしまったら、どうでしょうか？　小石もゴツゴツとした大きめの石も、一つたりとも入れることはできませんよね。

小さいことをおろそかにしないのは大切なことですが、「順番を間違えると大きなものが入らないということを教えてくれている話」なのです。

この考え方は建築と同じです。

建築をつくる時に大切なのは、大きなゴールをまずは決めること。次に、そのゴールを意識した上で譲れないことと、捨てても良いことを決断する。そして最後に細かなことを調整していく。そういった順番が大事ではないかと思うのです。

「リビングはこんな感じで窓は2面に大きくつくってください」「台所はこの配置が使いやすそうなので、これを参考にしてください」「玄関入ったところはこんな吹き抜けにしたい」等々……最初から雑誌の切り抜きを並べて要望されるオーナーが多いのは、検索で画像やネットの情報が簡単に手に入ることが原因だと思うのです。

建築家の設計過程では多くの場合、それらの切り抜きのデザインの応用は最終段階での作業になります。その細部の条件を最初に固定してしまうと、平面計画の大きな魅力を制限してしまうことになるのです。その写真のイメージがその建築にとって良いことなのか、できることなのかは平面計画の後に検討した方が良いのです。

ヘアーカタログを見てキムタクのようにして欲しいと思っても、人の個性はいろいろです。往年の銀幕の二枚目スター鶴田浩二がキムタクのヘアースタイルを真似ても似合うわけはないのです。

私たちは設計を進める際、その示された細部のその建築における価値を考えます。なんとかそれに合わせることもできますが、やはりそれは好みの問題としての最終調整なのです。

誤解されそうですが、建築家に設計を依頼する際に、写真の切り抜きを集めて要望してはダメだということではありません。いいのです。どんどんもってきてほしいのです。オーナーの好みがわかるからです。そして私たちはそれをじっくり読み解くのです。デザインを見ているのではなく、オーナーの好みの感覚を感じ取っています（好みの感覚を理解するまでには多くの時間がかかることがあります）。

そして、その写真のイメージを超えた、別の感動の空間の提案を期待して待って頂きたいと思います。

ちなみに、私が中国の経営者やお役人さんからよく言われた殺し文句をご紹介しておきましょう。

「ここであなたの作品をつくってください」

こんなことを言われたら火がつくどころか、「ただでもいいや！」という気にもなってしまいそうです。中国人の商売のうまさの一端かもしれません。

逆に、私たちが提案した渾身の案が全否定されることもあります。当然相当凹みます。「良いものがわかってないだけだ」と強がる余裕なんて全くありません。

それでも頑張って、次の提案で、もしくは全く別のプロジェクトで「いいねー。すごくいいねー」などと言ってもらえると、それが私たちにとって、とてつもないエネルギーとなるのです。また走り出すことができるのです。

かなり傷つきやすいのです。建築家という人種は。取扱注意ですが気にしないでください。もう十分慣れているのです。

パース、CGは現実を伝えない

最近のプレゼンテーションの技術にはすごいものがあります。

CGを駆使したパース（完成予想図）はもう当たり前のツールとして定着しています。最近では完成予想図が立体的になり、バーチャルな完成モデルの中を実際に歩いているようなVR技術も発達してきています。

これらのパースや動画・VRは、数学的な処理で空間の大きさや質感を忠実に表したものではありますが、人間が感じるイメージがそのまま伝わるわけではありません。

設計上の、例えば雰囲気の方向性の一応の確認のためには便利なツールですが、それを決定の判断材料に使うのは危険です。

写真で見た時の人の印象と、実際に会った時のその人の魅力が全く違ったという経験は誰もがあるのではないでしょうか？

写真だけで人を判断してはいけないとわかっていても、建築の場合はパースや動画・V

Ｒを見れば空間を体感できるものだと勘違いしてしまうものです。「大体わかった、ここはこうした方が良い。変更しよう」とついつい判断材料に使ってしまいます。

実際の建築は何十メートルという大きなスケールでつくられるものですが、パースやＣＧの印刷はＡ３やＡ２のボードで出力されます。しかも大概のパースは一度に建物全体を俯瞰した状態で描かれています。人間が普段あまり見ることのない角度ですので、実際の建物を見た時に気になることとはまるで違うところが気になってしまうことがあります。

例えば、ビルの一部に黄色で着色された部分があったりすると、なぜか静止した平面上のパースではそこにすぐに目がいってしまうのです。そして、オーナーからは「その部分がとても派手に見えるので落ち着いた色に変えて欲しい」と言われることもしばしばあります。

ちなみに、その色をやめて欲しいと言われた時には、もちろんその色に特別な意味がなければすぐに変更します。なぜならそれは人の好みの問題だからです。人の好みを否定し続けるとオーナーとの信頼関係が薄れてしまい、もっと大きな問題に一緒に立ち向かうことができなくなってしまうからです。

昔、パースなどが一般的でなかった時代には、そのようなことにはあまり触れずに、そっと建物を完成させてしまっていたというような乱暴な時代もありました。その場合、オーナーは完成後に初めてその黄色の部分を見ることになるのですが、そのこと自体に全く気づかないか、「この色、いいね！」と満足げな表情をされるかのどちらかでした。大きな問題となることはなかったのです。

またCGは、本物の無垢の木を使ってできた空間よりも、大理石風のビニールの壁材や床材で構成された空間を描いた方が豪華に見えてしまうのも欠点です。これでは勘違いをする人が出てきても仕方ありません。人は目から入る情報にどうしても引っ張られてしまうのです。

さらに、最も重要なことは、実際の建築では前後左右の空間の印象が、次に入る空間へ余韻を残すことです。料理人がお客様に出すスープの味を、後に出てくるメイン料理に合わせて調整するのと同じように、空間には前後のつながりが重要なのです。

ピアノを弾く時、ドの音、レの音、ミの音など単独の音をどう組み合わせるかで全く曲が違ってくるように、空間で大切なのは強弱がついたリズムと自分が感じるイメージの流れです。しかし、それを伝えることはCGや動画ではなかなか難しいのです。

結局一番大切な、迫力や空間のオーラ、面白さを伝えることがなかなかできないのですが、とはいえ図面になじみがない方に完成イメージを伝える方法としては、今のところＣＧが一番わかりやすいので、一つの説明材料として、見せ方を調整しながら、工夫しながら、我が社でも多用しています。

コンペ1位の建築がいい建築とは限らない（恋愛と同じ）

これまで大型の公共建築などでは、積極的に建築のコンペが行われてきました。有名なコンペにはたくさんの優秀な応募者が参加します。いろんなドラマもあります。

先述したシドニーのオペラハウスは、エーロ・サーリネンが審査員に入っていなかったら落選していた作品です。

東京オリンピック２０２０のメインスタジアムは再コンペとなりました。当選案の隈研吾設計のスタジアムはもちろん素晴らしいのですが、しかし、当初の当選案ザハ・ハディドの建築も、個人的に「見てみたかった」と思う建築でした。

「公平性」って難しいですよね。芸術性のあるものを審査する際の公平性ってどうするのでしょうか？　最近の多くのコンペ、プロポーザル方式では評価が数値化されてきているようです。

でも本当は大切なことは数値化できない、ということは皆わかっているのです。

恋愛の対象や結婚の相手を決める場合、理想の異性をカテゴリー別に身長が高いので5点、収入はまあまあなので4点、洋服のセンスは3点……などとどんなに細かく採点した結果を積み上げても、高得点の彼氏、彼女を好きになるわけではないのです。結局は大切なものは感性、好き嫌いで決めているのです。

またコンペでたくさんの案が出てきた場合、実際に建築する入選作を、どう選ぶのか、誰が選ぶのか、が問題です。

選び方でこれから建てようとする建築物の価値が左右されます。もちろん、建築を決めるのは主催者ですので、主催者が納得すればそれで良いのですが、ただ、その決定次第で本来の建築としての価値を左右するだけでなく、街の景観や魅力をも左右してしまうのです。

最近ではインターネット上のコンペサイトや市中のイベントなどで、個人の住宅やその他の建築の設計案がコンペ方式で募集されていることもあります。

私も若かりし頃ならコンペなどに意欲的に取り組んだことでしょう。しかし、現在ではそういったコンペへの参加に対して、私たちの事務所は消極的です。

なぜなら応募用紙数枚、最初の第一案だけで、全く知らない会ったこともない、私たちのこともよくわかっていない人が作品を判断する、という仕組みが得意ではないからです。

さらに、選ばれなかった時のコンペにかかった労力とコストは会社で負担することになります。そしてそれは最終的には、私たちのことが「好きだ」と名指ししていただいている、今いるオーナーたちが、その費用を負担することになってしまうのです。

ですから、コンペ参加には慎重です。実際、そういうコンペに消極的姿勢の設計事務所は多いのだろうと思います。そこに一生懸命になるよりも、今「好きだ」と言ってくださっているオーナーに対して一生懸命でありたいと私は思っています。ただ、気心も知れていて、意気投合したオーナーが、「他の案と比べて納得したい」という場合は喜んで参加させていただいています。

数えたことはありませんが、コンペで勝ち取った名建築と、最初からオーナーに指名されてできた名建築、どちらの方が多いのでしょうか？

きっと、オーナーと建築家が相思相愛でできた名建築の方が、ずっとずっと多いのではないかと思います。

「あれも入れて、これも入れて」で変な家ができる

スポーツの練習では「力を抜け」と言われます。瞑想の時には、何も考えないことが理想だとも聞いたことがあります。

でも、できるわけはないのです。あれこれといろいろと考えてしまうからです。

建築のコツも実は要求をなるべく捨てることだとは前述のとおりです。

一つのことにこだわればこだわるほど、答えはシンプルになって綺麗になっていくものです。

上場企業や大企業は、リスクを背負うことが苦手です。こちらも立てて、あちらも立てなければいけないからです。

最近、YouTuber（ユーチューバー）が人気ですが、自分の思うことを思う通りにやっているので面白い。それなら、そういったものを大手のテレビ局がやったらもっとすごい

事になるのでは、と思いますがそうはいかない。大きな会社には見栄や大義名分があり、簡単に新しいことはできないのです。テレビ番組はすごくたくさんの人が見ているので、尖った企画は一歩間違えると、視聴者からのクレームなど反発が大きいので大変です。

大組織はコンプライアンスやルールが多くなりすぎて、自由な動きはもうできないのです。

そのように考えると、土地活用で賃貸マンションを考えるのなら、あれもこれもとターゲットユーザーを広げるのはこれからはやめた方が良いと思います。どんな方々に住んでもらいたいのかを検討するべきです。

良いものをつくるには、決断するというのがコツです。

少しくらい判断が間違っても、流れやリズムが崩れるよりはずっと良いと思います。建築は生き物です。建築の完成後もずっと変化し続けるのです。

一度にあれもこれもとうまくいくはずはないのです。

第3章

どうしたら資産価値は上がるのか？

「千年設計」による
建物の価値の上げ方

本章では建築の本質的な資産価値について考えてみます。本来、建築の価値というのは時間が経つにつれて上がっていくものだと私は思います。ただ、そのためには最初につくる建築が価値あるものである必要があります。

どうすれば建築としての資産価値が上がるものをつくることができるのか？　ここでは歴史的な建築も紹介しながら見ていきましょう。

オペラハウスで一変したシドニーの土地の価値

繰り返しになりますが、オーストラリアのシドニーと言えば、オペラハウスです。港の先端に華麗な船出をイメージさせる幾つもの帆を掲げたフォルム、貝殻のようにも見える白い大きな屋根が特徴的な建築物は、２００７年にモダニズム建築としては初めてユネスコ世界文化遺産に登録されました。

もしも、シドニーにあのオペラハウスがなかったら……？　と想像してみてください。シドニーの魅力、インパクトが半減してしまいそうですよね。いまやシドニーのシンボル的存在となっているオペラハウスです。名建築です。

本書をお買い上げいただき、誠にありがとうございました。
質問にお答えいただけたら幸いです。

◎ご購入いただいた本のタイトルをご記入ください。

『　　　　　　　　　　　　　　　　　　　　　　　　』

★著者へのメッセージ、または本書のご感想をお書きください。

●本書をお求めになった動機は？

①著者が好きだから　②タイトルにひかれて　③テーマにひかれて
④カバーにひかれて　⑤帯のコピーにひかれて　⑥新聞で見て
⑦インターネットで知って　⑧売れてるから／話題だから
⑨役に立ちそうだから

生年月日　西暦　　年　　月　　日（　　歳）男・女				
ご職業	①学生	②教員・研究職	③公務員	④農林漁業
	⑤専門・技術職	⑥自由業	⑦自営業	⑧会社役員
	⑨会社員	⑩専業主夫・主婦	⑪パート・アルバイト	
	⑫無職	⑬その他（　　　　　）		

ご記入いただきました個人情報については、許可なく他の目的で使用することはありません。ご協力ありがとうございました。

郵 便 は が き

お手数ですが、
切手を
おはりください。

1 5 1 0 0 5 1

東京都渋谷区千駄ヶ谷 4 - 9 - 7

(株) 幻 冬 舎

書籍編集部宛

ご住所 〒 都・道 府・県	
	フリガナ お名前
メール	

インターネットでも回答を受け付けております
https://www.gentosha.co.jp/e/

裏面のご感想を広告等、書籍の PR に使わせていただく場合がございます。

幻冬舎より、著者に関する新しいお知らせ・小社および関連会社、広告主からのご案内を送付することがあります。不要の場合は右の欄にレ印をご記入ください。 不要 □

しかし、その建設当時には相当な苦労があったようです。

シドニーのオペラハウスは、デンマークの建築家、ヨルン・ウッツォンによって設計されました。１９５６年に行われた国際コンペには、32ヶ国２３３件のエントリーがあり、実は１次審査の時、当初ヨルン・ウッツォン案は落選候補だったのです。しかし当日遅れて来た審査員、アメリカの建築家エーロ・サーリネンがその落選候補案を拾い上げ、ヨルン・ウッツォン案はなんと最終的にコンペを勝ち抜き優勝してしまいました。

ところが、いざプロジェクトが始まると複雑な屋根の設計に想定以上の時間がかかったり、建築費が増大したり、その他諸々の問題が発生し、オープンまでには約16年もかかってしまいました。

建築費用はどんどん膨らみ、当初予算の少なくても14倍、英国財務省の資料によると35倍にまで膨らんでしまったそうです。そして議会からも猛反対を受けるなどさまざまなことがあり、設計者ヨルン・ウッツォンは建設途中でその職を辞してしまいました。

それでも後を受け継いだ者たちの努力の結果、１９７３年10月、ついにオペラハウスは完成しました。

　なぜ、完成させることができたのか？　それは、「どうしてもつくりたい」と思った人たちがいたからです。

「この独創的なデザインを実現したい」

「この建物には価値が必ずある」

　そう信じた何人かの熱い想いがあったから、完成できたのだと思います。

　莫大なお金と時間もかかりましたが、オペラハウスという美しい建築ができたからこそ、シドニーは世界中から観光客が押し寄せる一大観光地になった、と私は思います。

　もしヨルン・ウッツォン案はコストがかかり過ぎるからと建設をやめていたら？　当初の予算内に収めようと途中で設計変更し、コストダウンのために豆腐のような真四角で味気ない形の建築になっていたとしたら？

　あの美しいシドニーの景色は出来てはいない。

　オペラハウスはシドニーの街の核、「スター」です。野球で言えば例えばミスター長嶋や大谷翔平。実力の突き抜けたスター選手がたった一人いるだけで、野球というものが、ずいぶんわかりやすく、楽しくなるものです。抜きん出た楽しさと芸術性、それが建築の価値の源です。

そういえば建築的には素晴らしいシドニーのオペラハウスも、本来の音楽ホール、オペラハウスとしての機能や性能がずば抜けて素晴らしいといった話はあまり聞かない様な気がします。オペラハウスの専門的機能や性能は一体どうなのでしょうか？

今度音楽の専門家に聞いてみよう！

なぜ法隆寺は1400年経っても美しいのか？

聖徳太子ゆかりの寺院、世界最古の木造建築としても知られ１９９３年に日本で初めて世界文化遺産に登録された奈良県にある法隆寺。

幾度かの落雷、火事に遭いながらも、１４００年経った今でも凛として美しい。その場に立つといっそう凄さがわかります。

「その昔、聖徳太子が底の厚い木靴を履いてここを歩いていたのだろうか？」「聖徳太子が立っていたこの場所に今、自分がいる」こうした場の空気感やロマンは時間を超えるのです。

法隆寺は建築的価値が認められ、「残そう」という想いがあったから残ったのだと思います。長きにわたり木造技術を守り抜き力を尽くした宮大工たちがいたからこそ、１４００年もの間、修復を続けることができたのです。

残す価値さえあれば、木造の建物は１０００年以上でも残せる。しかし、30年しか残す価値がなければ30年で解体されます。

木造建築の良いところの一つは、部分補修を繰り返しできるところです。人の細胞が新陳代謝を繰り返すように木造建築も新陳代謝が得意なのです。

法隆寺へ行くことがあれば、回廊のところにある大きな柱を見てみてください。柱の下の部分は新しい柱に取り替えてあることがわかります。こうやって修復が続いているのです。鉄筋コンクリート造や鉄骨造ではこう簡単にはいきません。

残すに値する建築をつくることは最高の社会貢献なのです。

私（自分）だけの建築から、街にとっての建築価値を尊重する。実はそれが私（自分）の建築の価値を高める一番の近道でもあります。

西洋の文化は広場、日本の文化は通り

人と人の交流の場は日本と西洋では違うといわれています。

西洋は「広場の文化」。街の中には、個々の家々とは別の場所に大きな広場が設けられ、市場や集会、宗教儀式、地域のコミュニケーションの場として活躍してきました。コミュニティを維持するために、広場は欠かせないものだったのです。

西洋人はわざわざ集まることが大好きです。パーティーなども日常的にしょっちゅうやっているように見えます。

一方、我が国ではその役割は「通り」が担ってきました。祭りや門前市場など日本の文化の中心にはいつも通りがありました。

全国各地に「札《ふだ》の辻《つじ》」という地名がありますが、江戸時代、為政者《いせいしゃ》からの通達は通りと通りが交わる「辻」に高札をかかげて行われていました。

そして多くの町人が住んでいた長屋は、各家が路地で緩やかに結ばれていて、路地には井戸やゴミ捨て場、雪隠《せっちん》（トイレ）などがあり、生活の場の一部となっていたのです。「井戸端会議」と言うように、人々は日々の情報を長屋の「路地」の中にある井戸端で仕入れていました。日本は「通りの文化」なのです。

　第１章「建築は〝平面図〟が命」を少し思い出してください。

「２０１１年の東日本大震災後に建てられた岩手県釜石市平田地区のコミュニティケア型仮設住宅団地」は、この日本型の通りの文化を取り入れていて、２０１２年のグッドデザイン賞を受賞しています。

　広場と道、リビングと廊下、街のつくり方や家のプランニング。それをどうつなげるかは文化、コミュニケーションのあり方を方向づけることにもなります。さらに言うと、コミュニケーションのあり方は家族のあり方、個人の人生に影響を与えることは前述のとおりです。

　リビングアクセスについての暮らし方の違いは２つ例をあげて説明しましたが、いま一度、機能的に違う２つの家のプランを想像してみてください。

1つ目は「楽しい」が先の家。各部屋とリビングでお互いに気配がわかるような吹き抜けや、段差のある開放的な空間の構成、暖炉の前には大きな窪みがあり早い者勝ちでねころべるが、やけに大きい階段の踊り場は父の書斎と化している。無駄は多いが、そのうち変化する住まいの夢をふくらませる「楽しさ」に重きを置いた家。

2つ目は合理的で便利な家。廊下や各室は機能性を追求するために計算制御された完全な空間。コミュニケーションもＩＴを駆使し、声をかければ洗濯が始まり、用件を誰かに伝えることもできる。夜になれば自然に照明は間接照明に変わりムーディーな音楽がバックを彩る。もう生活のために、余計なことは何もすることはない。好きな時間に自分の好きなことをやれば良い家。

この先毎日365日、2つの家それぞれに住み続けた場合。たとえ同じ家族が暮らしたとしてもその後、20年、30年先の家族の形が違ってくることは容易に想像できると思います。どちらが良いかは好みの問題ですが、住宅のプランを思いつきや好みだけで計画してしまうのはやはり良くないのです。

ついでにもう少し建築に関する文化の話です。

日本は障子の文化です。かつて料亭で、誰もが通る廊下と飲んだり食べたりする個室を区切っていたのは、薄い紙でできた障子や襖1枚でした。にもかかわらず、個室では政治の話から、経済の話、恋人の話などなど……が平気でされていました。

さらに言えば、その個室の中にはお酌する人など部外者もいますが、繰り広げられる話は聞こえていても聞いてはいないのです。時には頷きながらも聞いてはいないのです。ですからその話が外部に漏れることは決してありません。それが、日本の老舗の料亭。壁があってもなくても同じ内緒の空間をつくれるのです。

コンクリートの壁より思いやりと信用。日本文化というのはそういうものだと思います。それから情報が外に出なかったもう一つの理由は、昔の偉い方が料亭で話していたことは私心ではなく、度を越したものでもなく、そして筋が通っていたからこそ、そばで聞いていた人たちもどこかで納得できていて秘密が守れた。そんなこともあるのかもしれません。

そうした「やりすぎない姿勢、奥ゆかしさ」も日本文化と言えるのではないかと思います。大切にしたい文化です。

最近のネット社会ではそうもいきませんが、障子で守れる文化と技術で守るセキュリティー、今後は共存できたら良いなと願っています。

建物の投資利回りを5%でなく30%にする方法(6倍儲かる建築)

資産価値を考える時、投資利回りという考え方があります。

投資額に対して1年間でどのくらいの利益があるのか? という数字のことです。最近の利回りの相場で言うと5%から10%の間で事業化されることが多いようです。例えばマンション経営のために1億円の投資をしてマンションを建設したとします。この時の年間の家賃収入が1000万円だったとすると利回り(表利回り)は投資額(建設のための費用)の10%ということになり、「それなら建設しようか」となります。

ところがこの「利回りが何%か?」は建築しようと決断する時の判断材料として大きな要素であるにもかかわらず、利回りの数字の根拠はそれまでの経験の域を脱していません。

例えば家賃収入額の決め方は概ね単純で、賃貸する部屋の面積と近隣の面積あたりの家賃相場を掛けたものなのです。これから建てるマンションの評価は、既に建っている近隣のマンションやテナントビルの家賃を参考にします。そのマンションが耐久性があるとか、美しいだとか、地域に貢献する建築だとか、そういったこととはあまり関係ありません。

そういう工夫をしたとしても入居率は変わらないからなのだそうです。

でも、10年後は違いますよね。30年後はもっと違いますよね。

それに入居者の給与が全員１０００円単位で同じだとも思えず、２０００円家賃が高い、３０００円高いから入居しないといったことと支払い能力とは一致しないのではないでしょうか？

相場と比べて安いか高いかの「損した感」の問題ではないでしょうか？

今後例えば、家賃の決め方については、個室の数や大きさなどのほかに、ホテルのランク付けのような星４つ、５つといった評価をつけるなど、建築的価値に沿った家賃設定法ができないものなのでしょうか？　開発できないものでしょうか？

それから返済期間を20年や30年でしか考えないことはさらに大きな問題です。銀行などの融資者は返済期間30年の場合、当然30年での全額完済を求めます。しかし「価値ある建築」の利回り、返済は、１００年単位で考えるべきです。なぜなら価値ある建築物は１００年以上現役で収入を得ることができるからです。

そのことを考えると、建築費に対する融資額は増やすことができ、毎月の返済額も減り、もっと質の高い価値ある建築をつくれて、街が魅力的できれいになり何よりのＳＤＧｓなのです。価値ある建築をつくるには少しはお金がかかってしまうのです。社会を牽引する銀行などには、そういった制度改革をお願いしたいと思うのです。

一昔前、「日本の住宅はウサギ小屋だ」などといわれたこともありましたが、ウサギ小屋をつくるための一生では寂しすぎます。結局、今の融資制度が変わらない限り、本質的な建築のための資金を調達するのは、たとえ住宅の建築といえども至難の業です。

家を建てることはできたとしても、その30年や50年後に、子どもや孫が、また同じ金額をかけて同じような建物を、最初に建てた時同様に建てることになります。しかも、解体費と建て替えの間の仮住まい費用も用意しなければなりません。これは家の価値にはなりませんから、損失として受け入れることになります。

ローンを組み、ほぼ全財産をかけ、何代も何代も同じような建物を延々と壊してはつくり続ける。

それがこれまでの私たちの選択でした。これからもそうなっていくのでしょうか？

この繰り返し、無駄ですよね。

少し費用はかかっても、建築の力を信じ、１００年、２００年と残る建築をつくれたなら……？　子どもや孫たちがそれを引き継ぎ、メンテナンス費用を負担するだけで住み続けることができるのです。そうなれば、私たち日本人も今の何倍も何十倍も生活が豊かになるのです。

１００年建築の考え方を土地の有効活用でつくるマンション建築に当てはめてみましょう。

例えば先述の１億円を投資してつくったマンション。20年後、譲り受けた子どもが新築時の建築費の約３割の３０００万円で改修工事をし、毎年の家賃収入が同じ１０００万円だとしたら（本当は物価の上昇分、家賃は上がるのですが……）、子ども世代の利回りはおよそ33%、当初利回りの6倍以上になります。

しかも、手を加えられた建物は新築当時よりさらにアップグレードし、魅力的なオーラのある建築となっているはずです。20年後ですから、当然物価も上昇しているでしょう。その時に同じ設計で建築しようとすれば、建設費は1億３０００万円にも1億５０００万円にもなっているのかもしれません。

つまり20年後の子どもは、３０００万円のお金で1億３０００万円や1億５０００万円の建物を手にし、毎年毎年１０００万円の収入を得られる財産を譲り受けたことになるのです。

すごいことですよね。どうでしょうか?

もう、50年や60年で壊さなければいけないような建築物をつくりたいとは誰も思わないはずです。建築は少なくとも１００年後の姿をイメージしなければなりません。

目標は１０００年先を考えた千年設計なのです。

もしも、投資利回りを１００年単位で考えることができたなら、個人の資産価値が上がり、街がきれいになり、環境にも良くて魅力的になる。

豊かになると人は優しくなり、元気に明るくなります。

そしてそれこそが「建築の力」なのです。

「後世に建物を残す」ことは大切な社会貢献

建物を建てる際には、企画をする人や設計する人、検査する人、工場で加工する人、現場で実際につくる人、などなど、大勢の人が手間暇をかけ懸命に働きます。また、鉄やアルミニウム、コンクリート、木材やガラス、ゴムなどの資源もたくさん使います。大量の廃材も出てしまうので、そういったものを最後は捨てなければなりません。

工事中は騒音も出ます。トラックが行き交って渋滞を巻き起こすなど近隣に迷惑をかけたり、運搬のためにはたくさんのガソリンを使ったりもします。作業ではたくさんの電気も使うでしょう。

ひとつひとつの建物は、そうやってたくさんのものを使い、犠牲を出しながら建っていくのです。

こうしたことを考えても、建物は30年や50年で解体するには忍びない。100年や200

0年、孫の代、その先の代まで長く使い続けることは、環境に配慮する大きな社会貢献なのだということを再確認できるのです。

ときどき地主さんなどから「お金はもう要らないので、最後に地域貢献がしたい」と言われることがあります。例えば「私の土地にはもうマンションはつくらなくていいから、代わりに老人ホームや保育園を建てて社会に貢献したい」とおっしゃるのです。

それはそれで良い考えだとは思うのですが、老人ホームをつくることや保育園をつくること以上に街に貢献できることがあります。

それは価値ある建築を街に残すことです。

きれいな建物をつくることです。

誰かが始めれば他の誰かがきっと続くはずです。建築物は、その街に対する一つのメッセージとなるのです。価値ある建築をつくることは、街がきれいに変わっていくきっかけに必ずなるでしょう。

私はこれを実感したことがあります。

そのオーナーとは土地探しの頃からのお付き合いでした。

都心から電車で1時間10分、さらに駅からバスで20分の田舎町。古びた町家が続きますが、緑豊かで景色の良い、朝日がきれいな場所の１００坪の土地が売りに出されました。

「都心には遠いが、電車の移動時間には英会話が勉強できる。駅から歩けばわざわざジムに行かなくても健康になれるし、風が強い日や横殴りの雨の日の通勤は人生にたくさん必要な忍耐を教えてくれる。この環境なら人生にも強制的に強くなれるし、強くなればもっと家族を幸せにできる。考えてみればこんな良い立地は他にない。この値段でこの広さ！」

そんなことまで言って土地購入を決心してもらったこともあります。オーナーはクリエーターという特殊な職業だったこともあったからかもしれませんが、結局その土地に家を建てることになりました。

それから私は全力できれいな楽しい家を設計しました。土地を紹介してくれた不動産屋さんからは「売る時は大変な家だな」と皮肉を言われ、道ゆく人には時折写真を撮られ……。そんなちょっと変わった家になりました。

家が完成して、2～3年もした頃、街が動き始めます。その家の隣とそのまた隣に、次の「楽しい家」ができました。まさに「類は友を呼ぶ」。同じような価値観を持つ人たちが集まってきたのです。

それから、もう20年近く経ったのでしょうか。かつて、のどかな田舎町だったその場所は、個性豊かな建築家たちが競ったようにつくった家が続く、まるで別荘地の様な優雅な街並みに変わりました。当然、一帯の土地の値段は高騰し、20年前のなんと2倍以上の価値となっているところもあるようです。

街並みのできようは、最初に建った家が魅力あるもので美しい建築だと、その影響を何かしらの形で受けることになります。まずは近隣に建て替わる2軒目の建築がその美しさに影響を受け、そして3軒目、4軒目と続いていくと次にその場所には「この街をきれいにしよう」という意思が出来上がるのです。すると街は自然にきれいになっていきます。最初に建った建物がその街のベクトルを決めるのです。

その最初の一石を社会貢献で投じていただけませんか？

大切な土地、地域の有効活用のために。

ゴールから設計する空間づくりとは？

家を建てるゴール。それは「３ＬＤＫの家を３０００万円でつくる」といったゴールのことではありません。

例えば、「家族みんなで旅行に行こう」と考えている時に「３日間で20万円の旅行をしよう！」だけでは、どこに何をしに行くのかがわかりません。

箱根でゆっくり温泉に入るのか？

沖縄でマリンスポーツをやるのか？

それとも北海道で蟹料理を食べるのか？

本当はそこが問題ですよね。３日間では足りないかもしれないし、内容によっては２日でも何とかなるかもしれません。

さて、家を建てようと思った時のゴールです。「息子を絶対に総理大臣にするための家を建てたい！」でも「全然あり」です。そんなテーマをもらったら、建築家の設計魂に火がついてしまうでしょう。建築で、そこにどんな貢献ができるのだろうか？　探究心が炸裂します。子ども自ら「将来僕は博士になりたい」なんて言われた日には、家の中にケンブリッジ大学ばりの図書コーナーを設計提案しようと思うかもしれません。

人は環境がつくり上げるのです。

「いやいや、そんなことは望みません。我が家は明るく楽しく、みんなが健康で暮らせるのが一番」というお母さんの願いのための家づくりと、子どもを博士やプロ野球選手にするための家とでは違います。

目指したいそのゴールに辿り着くまでの解決策が、建築設計の本質の一つと言えます。

この「ゴールや本質に対する考え方」は住宅以外の建築で説明したほうが伝わりやすいかもしれません。

例えば、病院やクリニックは何のためにつくるのかといえば、病気の人を治して元気にするためですよね。それなら、病院に来る人が早く病気を治して元気になるために建築として何ができるのか？　を考えるのが病院・クリニック設計の本質だろうと思います。そしてもう一つの大切なことは、経営に無頓着で赤字になってしまっては人を助けることはできないということですよね。「集患」というマーケティングも病院・クリニック建築の本質としては大事です。さらに日々の医療体制を確立させるための動線や機能。その3つが本質なのです。患者目線と医療者目線と経営者目線。病院設計にはどれもが等しく重要です。

商業建築のゴールは「お金を儲けること」が第一義になるでしょう。どうやったら儲かるか？　どうやったらお客さんがたくさん来るか？　という課題に、建築の力で応えるのが商業建築設計のプランです。

エルメスなどといったハイブランドの店は、お客様に「どんな価値を提供できるのか？」「どう満足してもらえるか？」「どうしたら新規顧客を獲得できるのか？」などといろいろなことを毎日懸命に考えているはずです。決して「商品さえ良ければそれで良いのだ」といったような楽観的な考えではないはずです。彼らは「建築の力」を信じています。その力を利用するために建築の事を凄く考えています。

茶の湯の世界では、たった一杯のお茶を美味しく頂くという目的、ゴールのために、環境づくり、庭のあり方、建物の趣、屋根の掛け方から柱の位置はもちろん、扉の高さ、畳の敷き方、など細かく建築の様式を規定しています。茶の湯の世界もまた建築の在り方、「建築の力」を利用しているのです。

建築の目的、ゴールを建物を設計する前にはっきりと決める。結果ではなく、思い付きでもなく、本当に叶えたいゴールへの美しい解答を求めてそれを建築にする。それこそが価値ある建築の最初の条件だと思うのです。

隣の家に配慮すると、あなたの建築の価値が上がる

1メートル以上もある長いスプーンの場合、自分だけが食べようとすると自分の口にスプーンの先を持ってくることはできません。しかし、どんなに長いスプーンでも向き合う相手に互いに与え合えば感謝の意と共にスプーンの先を口に運ぶことができる。という天国と地獄の長いスプーンの話。人のために少しは残す、何事も腹八分の精神。これらはすべて「自分の欲を抑え、相手を想うところに人生のコツがあるよ」ということを、世の成功者、人格者たちが伝えたものです。

これは建築的にも正しいことです。

いくら法律で許されているからといって、隣の家のリビングの目の前にこちらの家の大きな壁やトイレをつくったりするのは良心が咎めるはずです。気が付いていても、気が付いていなくても、傷つくのは実は自分自身なのです。

それに平面計画には無限の答えとパターンがあるので、わざわざ隣の人が嫌がりそうなことをやる必要はありません。

隣の家に配慮された街はきれいです。ゆとりもあって豊かな環境です。

我が家を隣の家から離せば離すほど、周囲の環境は良くなっていきます。街並みがきれいになれば、みんなの憧れの場所となり、土地の価値も自然と上がります。

理想的すぎるくらいの街並みが本当はちょうど良いのです。

隣や街への配慮とは、家同士の距離感だけの話ではありません。街を通りすぎる人たちにも配慮すればするほど、あなたの家の価値は上がります。本当は壁にペンキを塗れば人が住むには十分です。けれども、外壁にはちょっとおしゃれにアースカラーのタイルを貼ってみる。それから春には春を楽しみたいので、窓辺にはフラワーボックスを並べる。花が咲き、花の匂いが通りに広がる。写真を撮る人もいる。

ほら、街並みがどんどん素敵に良くなっていくのがわかるはずです。

景観を考える時、「派手なものは景観上避けるべきだ」という方もいらっしゃいますが、奇抜な色やデザインが絶対にダメというわけではありません。奇抜な赤がその場所にふさわしい時もあるでしょうし、他の建築物や景観に溶け込んだ調和の芸術もあります。芸術の考え方は両方あるのです。溶け込んでいようがいまいが、それが芸術か？　単に奇抜なだけか？　プロならすぐにわかります。

フランスでは文化省がそのようなジャッジをするのだと聞いたことがあります。「景観を壊すものは建てさせない！」と。

日本ではこれを色の番号や、敷地境界線からの数値化、高さ制限を計算から求めるなどして公平性を担保しようと法律や条例であらかじめ一律に定められています。しかし、場所ごとに特性も違うので、環境に関しては柔軟な運用と判断ができれば本当はもっと良いと思います。ただ柔軟な判断を誰にでもわかるように説明することは難しく、トラブルの元になることも多いので、数値化は今のところ仕方がないと諦めています。

建築の外観は、街への配慮であり街への敬意でもあります。特にこだわりたいものです。「家を建てよう」と決めてから、急に雑誌やGoogleの画像検索でこれがいい、あれがいいと探し出すのかもしれませんが、寄せ集めの情報では前述の平面計画と同じようにうまくいかないのです。

福笑いのゲームでもわかるように、形の良いスッキリした鼻、綺麗な目、魅力的な唇など、どんなに素晴らしいパーツを集めたとしても偶然の配置では、憧れのアイドルのような顔をつくることはできません。

情報は集めれば集めるほど使うのに高度な知識が必要でしたよね。その情報収集、整理の努力を自分の好みに合った建築家探しに集中した方が良いと思います。

注文は好きなだけ、無理難題を言っても全然大丈夫です。思いの丈を伝えたら、提案を待ちましょう。きっと思いもつかなかった外観があなたを驚かせるはずです。しかし、提案されたデザインが万一好みでなかった場合もがっかりしたり、この人はダメだとは決めつけないでください。その案はキッパリ断ったら良いのです。そしてどこが嫌いかを伝えてください。徹底的に話し合うのです。建築家は、また次の提案を出してくれます。好みがわかるまでには時間がかかることもあります。

それでも何度も好みに合わない提案が出てくるようであれば、残念ですが、相性が良くないようです。その建築家の実力不足かもしれません。キッパリと次の建築家を探す事にしましょう。その辺りの約束事は最初に建築家と取り決めしておいて下さい。

建物は竣工した時から、アップデートを始める

永遠に……というわけにはいきませんが、もう何度も触れているように、建築物は時間が経てば経つほど価値が上がるものです。しかし、それにはメンテナンスへの根本的な理解と実践が重要です。

床は「掃除が楽な材料で……」ということでしたら、表面に木目が印刷されたような化学処理されたシートが貼ってある床材がお薦めです。色もきれいです。しかし、これは時間が経つほど劣化していく材料です。逆に「掃除はこまめにやるので本物がいいです」と言われれば、木の温もりがあって優しさが伝わる、分厚い無垢の木の床材を薦めます。無

くれます。

垢の木は、古くなるほど余計に優しい表情になり、それまでの暮らしの記憶までも残して
劣化が気になるようでしたら、表面を削ればまた元の新品のようにすることができます。時にひび割れや曲がり、そりが出ることもありますが、それらは修正や補修をすることができます。

建築物の修理、不具合などのメンテナンスにお金をかけることは、損なことでも運が悪いことでもありません。積極的に受け入れるべき良い投資と考えて欲しいのです。

人がつくるものにはどうしても限界があります。最初は欠点でなくとも、将来暮らし方が変わった時には使いにくくなるかもしれません。「欠点がゼロ」の建築をつくろうとすると、「たった今、欠点が無い家」というゴールをテーマに建築すれば、その問題は解決することができます。現時点での欠点をつくらないという選択肢を選んで設計していくのです。

でも、そのゴールで良いのですか？

小学校で跳び箱の練習をしますが、失敗したら怪我をするかもしれないので「絶対に失敗しないこと」がゴールであれば簡単です。普段5段跳べる能力がある子どもが挑戦する

なら跳び箱の高さを1段減らして4段にすれば良いのです。「10回のうち1回や2回失敗しても良い」と思えば5段に設定します。

さらに「9回失敗してもいいじゃないか」、ゴールは「昨日よりも1段高く跳ぶことだ」となれば6段の跳び箱で練習することができ、能力の開花に希望が持てるのではないでしょうか？

長い目で見ればどんなことにも欠点はそのうち必ず出てきます。

コンピュータのソフトは、使い始めてから想定内、想定外を含めたくさんのバグが出ます。これらを片っ端から補正していくからこそ、素晴らしいソフトに進化するのです。進化を繰り返して安全になったソフトは、そのまま使い続けていけば安定したままなのですが、そのうちまた新しい機能をつけてバージョンアップされたシリーズが発売されます。そして、またバグとの戦いが始まるのです。

このようにして欠点を許容し克服しつつ、コンピュータのソフトは凄まじく進化しています。バグの撃退を日夜研究し、ユーザーの苦情、注文を受け入れながら、ＩＴ業界ものすごい勢いで発展しているのです。

私たち建築の世界も、そういった姿勢で頑張ることができれば、本当に価値ある建築ができるのでしょう。

竣工してオーナーが住み始めてから、もしも欠点が出てきたならば、その都度、欠点と向き合い徹底的に改善していけば良いという考え方。つまり跳び箱の高さを1段だけあげてみるというオーナーの決断と建築家の責任と覚悟。それがあれば建築はどんどんアップデートしていくのです。大切なことは今、この瞬間に欠点が少ないことではなくアップデートできる、アップデートしやすい建築こそ、価値があり本質的な建築です。

楽しい場所をつくりあげることが、建築家の仕事

吉田拓郎さんの「ah－面白かった」という歌がありますが、自身の思いを言葉に託したのでしょう。いろいろな辛いことも時にはあったでしょうが、乗り越えることもできた。そして楽しかったこともたくさんあった。何より精一杯全力で頑張った。「ah－面白かった」と言って終わりたい人生です。さすが拓郎さん、いい言葉です。

私たち建築家の仕事は、その「楽しかった」「面白かった」人生の舞台、場所をつくる

ことだと思います。我ながら、やりがいだらけの仕事だと思っています。

「楽しい人生よりも機能的で合理的な人生の方が良い」という人は少ないはずです。

面白い建築、楽しい建築は、何も歴史的に有名な建築だけではありません。日常のあちらこちらや旅先でも見つけることができます。例えば、ワイキキのヒルトン・ハワイアン・ビレッジは、ヨーロッパやアメリカのヒルトンとは違い気遣い無用の常夏空間です。飛び抜けた高級感はないかもしれませんが、ハワイ感満載です。

また、ニューヨークのメトロポリタン美術館は作品をエンターテインメント化していて凄い。途中、突如ひらけた大きなアトリウムに入るとエジプト文明の建物が壮大に再現され、足もとにはナイル川が流れるイメージ。そうして人の気分をいっぺんにエジプト文明にタイムスリップさせたところで、たった一つの小さな美術品や壁画を見せるのです。壁画を見ることさえワクワクさせるのです（衝撃的でしたので20年以上前の思い出がデフォルメされているかもしれません）。

30年も昔、長崎に突如、中世のオランダの街並みができました。ハウステンボスです。今ではテーマパークとして有名ですが、その目指したところは壮大な環境未来都市づくりだったのです。その街には全長6キロの運河がつくられ、その岸辺には生態系が形成され、周辺にはカフェやレストラン、ホテルや別荘がつくられました。森の奥には宮殿もあり、花と緑と水の都、憧れの街だったのです。あっぱれです。

もうひとつ、楽しくて面白い建築と聞いて思い出すのは、やはりライトです。次項ではフランク・ロイド・ライトの話をしましょう。

家の中に滝をつくった フランク・ロイド・ライトの落水荘に学ぶ

建築について少し詳しい方なら、アメリカの建築家フランク・ロイド・ライトの「落水《らくすい》荘《そう》（Fallingwater）」はご存じかもしれません。

近代建築3大巨匠の一人であり、日本の帝国ホテルなどの建築も手掛けているライトの代表作で、ペンシルバニア州の山にある自然の滝の上に建てられた落水荘はダイナミックで面白い。そもそも広々とした土地の中でわざわざ滝の上に家をつくる、という発想は普

●落水荘（keiko5231/PIXTA）

通の人にはありません。

ライトは最初に土地を見た時、オーナーのエドガー・カウフマンに「この景色の中のどこに座りたいか？」と尋ねたそうです。「あの滝を眺めながら暮らしたい」との答えに、ライトは滝を「見る」ではなく、滝と一緒に暮らす「落水荘」を提案したのです。

山のずっと上の方から流れてきた湧水は、カウフマン邸落水荘の中のリビングをぬけ、大きく迫り出したバルコニーの下から解き放たれるような滝となり豪快に下の小川へと流れ落ちる。

家の中に小川や滝を流したかった、そんな発想が思い浮かびます。

自然に溶け込むのではなく、自然を絶妙に活用した面白い建築です。

ライトには面白いエピソードがあります。

樹木のようなキノコのような柱がいくつもある、まるで森の木陰のような不思議な世界観の執務空間を持つジョンソン・ワックス社。落成式のパーティーは、たまたま雨だったそうですが、式の真っ最中に運悪く雨漏りがあり、事もあろうに社長の席へ雨水がポタポタと落ちてきてしまいました。社長はすぐにライトに電話を掛け、「この新築の建築は雨漏りがするぞ！　私の席が水浸しだ！」と激昂。

しかし、ライトは平然と言ったそうです。「それならその椅子を、横に少しずらしてはどうかね？」と。……ちょっと変わった人ですよね？

真偽の程はともかく、このくらい変わった建築家でないと面白い建築をオーナーに提案し、実現へ向けて説得することはできないでしょう。

建築の新しい世界、名建築といわれるような価値ある建築は、ライトのように少々変わった建築家と少々変わったオーナーとの出会いがつくってきたのかもしれません。

第4章

魔法の鉛筆が最初に描くものは何か？

建物はゴールから設計する

前章では、建築の本来の価値についてお話ししました。建築に対する見方が少しずつ変わってきた方もいらっしゃるのではないでしょうか？

今度は名建築をつくる巨匠ではなくとも、私たちのすぐ近くにいる建築家は普段どんなことを考えながら、実際の設計を進めているのかを見ていきましょう。いきなりマス目のついた紙にプランを書き始めるのではありませんでしたね。

部屋の大きさや並び方以外にどういうことが大切なのでしょうか？

建築家以外の方が思い描くプランと建築家が提案するプランとはアプローチが少し違うのです。

ここでは私が普段特に大事だと思う設計のポイントを5つご紹介します。この5つを意識して設計するだけでもその建築は大いに価値が上がっていきます。

大切な建築の脇役であり、隠し味でもありスパイスです。もうすでに話に出てきているものもありますが、改めて見ていきましょう。

建築家のプランは魔法のプラン

「あなたの鉛筆は『魔法の鉛筆』みたいですね」と私は、クライアントから何度か言われたことがあります。

先述のように私たちの描く平面図は、大の建築好きがそろう建築設計事務所で鍛えられた経験と、渾身のアイデアがぎっしり詰まっていますからね。

ありがとうございます。

私たちの鉛筆は魔法の鉛筆なのです。

設計を依頼される時、申し訳なさそうに、あらかじめ要望がびっしりと書かれた希望図面をオーナーから渡されることがあります。定規と鉛筆で描かれていることもあれば、何かのソフトで描かれていることもあります。

「何日も夢を見られたのだろう」と思うと、なるべく尊重したいと思います。

ですからその後、私が続けてプランを描いていく時には、「この描かれた図面、少し内容が変わっても大丈夫ですか？」と必ず聞くことにしています。

大抵の場合「この案にはこだわりません」と言われますが、私は最初に描いていただいたその希望図面の良いところを一生懸命探します。そしてその部分をキーにして新しいプランへと昇華させるのです。

建築のプランはどんな時にも無限にあります。他のアプローチならもっと別の案もあるかもしれませんが、オーナーが何日も一生懸命考えてくださった第一案を尊重して最高のものをつくることも、私たちの仕事の大切なことだと思っています。

そうやって私たちの魔法の鉛筆で、大きく方向性まで変えてバージョンアップされた、しかし当初の案の影も形もないものになってしまうこともあるプランを持って、最初のプレゼンに臨むのです。

そして出来上がった図面をぱっと広げる……

「うわぁー凄い」と、オーナーの顔が明るくなれば成功です。

「魔法の鉛筆みたい」

「Ｇｏｔｏマジックだ！」

「私の案を適当に無視してくれた素晴らしい案だ!」

「こんなところに住めるのですか?」

「こんな病院なら行ってみたい!」

「この店ならお客さんたくさん来そう、私も行きたい!」

「すごい! 4階建てはできないと聞いてたのに」

「この家でもう一旗あげたい気分になりました」

「リフォームしたら主人が早く帰ってくる様になりました」……など。


これ、全て私がお客様から言われた言葉です。

「魔法の鉛筆」は「感動設計」なのです。

魔法の鉛筆は建物ではなく外部空間から設計する「オープンリビングの家」

私たちが建物を設計しようとする時、まず考えを巡らせるのは外部空間です。これは、落水荘でいうところの滝や山や川のことです。身近な住宅でいえば庭や駐車場がこれにあたります。

実は建物が立っていないこの部分は建物が立っている部分と同じくらい多くの面積を占めていることが多いのです。

土地の面積に対する建築面積の割合は、法律で上限が決められています。住宅地域ならおおよそ土地に対して建物を建ててよい面積の割合、建ぺい率は40〜60%というところでしょうか?

つまり半分くらいは外部空間なのです。

そのため設計は、大きな外部空間から先に思い巡らせます。

それはつまり、その建物に対しての「環境」をつくるということです。ふんだんに木や花を植えることができればそれは良い環境ができるでしょうが、実際には、外部面積の多くは家と家の間の隙間だったり、駐車場だったりと制限も多いのです。しかし、建築家ならそこをなんとかステキな場所にするのが腕の見せ所なのです。

シティホテルを思い浮かべて欲しいのですが、シティホテルにはフロントがあって、コ

●オープンリビング

ーヒーが飲めるラウンジがあって、ピアノがあったりしますよね。

広い廊下の奥にはエレベーターがあり、上階に昇ってエレベーターを降りると、そこにはちょっとした空間があって調度品も時折眺めながら廊下を進んでやっと、自分の部屋に入っていきます。そこはそんなに大きな部屋ではないかもしれませんが、そこにたどり着くまでの環境、住宅でいうと外部の環境がもたらすリッチな余韻が「自信や安らぎのエネルギー」となって宿泊客を元気にします。

では、ビジネスホテルの場合はどうでしょうか？

部屋のひとつひとつの大きさはシティホテルとそれほど大きな違いはないかもしれません。ただ、ホテルの玄関を入るとほどなく、こぢんまりとしたフロントがあり、ロビーも廊下も通行の機能が満たされる範囲で設計されていて、ゆとりの空間はほとんどありません。部屋数を少しでも増やし、宿泊料をリーズナブルにというコンセプトですので環境がもたらすエネルギーもリーズナブルなのです。「仕事帰りに寝るだけだからここでいいや」という割り切りです。

ビジネスでの出張なら1～2日のことなので、まだそれでも良いのかもしれません。しかし我が家、我が街となるとどうでしょう？　毎日毎日３６５日、この先何十年もそうした環境の中で暮らしていくことになります。

環境をどう創っていくか？　それが建築には大事です。

道路側にある駐車場の奥のリビングに大きなガラス窓をつけたところで、窓を開けっぱなしにすることはできません。道路を通行する人から家の中が丸見えになるからです。では、狭い敷地の場合どうやって開放感のある環境をつくれば良いのでしょうか？　探せば必ずどこかの方向に開かれた場所はあるものですが、それでもない場合は、たとえば「上の空間」、空を利用するのです。

たとえ右も左も前も後ろも閉塞感がある土地だったとしても、上にはずーっと遮るものがない。上を向けば無限の宇宙まで続く空が広がっています。

狭小住宅などでときどき使われるライトコートは、天から光を取り入れるための中庭みたいな空間です。道路や隣からプライバシーを守りながら、家の中からは開放的なプランにすることができます。

前章で「隣の家に配慮すると、あなたの建築の価値が上がる」という話をしましたが、建築は隣の家、周囲の家との在り方も含めて環境なのです。

隣の家の庭に植えられた大きなオリーブの樹々は我が家にとっての借景です。隣の家にとっては、我が家のバラの花や桜の木が環境になるのです。

良い環境をつくるためには、関係性を良好にしておくことも大切です。外で会った時には気持ちの良い挨拶をしたり、家の前の掃除をする時は少しだけ隣家の前まで掃いておいたりする。

隣と仲違いしていては良い環境づくりはできません。そうやって私たちは、幸せになっていくのです。

休日のモーニングの時間を幸せにする魔法の鉛筆がつくる至高の空間

魔法の鉛筆は「かっこいい家」とか「安らぐ家」をはるかに超える「人生をつくる家」をゴールにしています。

人生をつくるなら朝が断然いいのです。幸せの原点は朝のエネルギーからいただくのです。昔、お父さんがいて、お母さんがいて、小さい頃の朝の慌ただしさは、今思えば幸せな思い出の風景になってはいませんか？

特に休日の朝は良いものです。幸せ感満載です。

その中でも「夏の休日の朝の幸せ感」には私の原点といえるような思い出があります。

私がまだ中学2年生の頃だったと思いますが、国語の授業で川端康成の「朝の光の中で」がとりあげられました。感激しながら授業中の先生を前に、食い入るように読んだ思い出が昨日のことのようです。

ご存じの方もいらっしゃるかもしれません。

川端康成がハワイにあるザ・カハラ・ヒルトン・ホテル（現在のザ・カハラ・ホテル＆リゾート）で休暇をとっていた時の「朝の一瞬の風景」が描かれているこの作品は、常夏の国らしい朝の強い光が、時折風で揺れる樹々の枝の葉っぱの間から木漏れ日となり、テーブルの上に並べられたガラスのコップの中の氷がキラキラと、そしてゆらゆらと煌めいている、その一瞬の至福感を鮮やかに綴ったものです。

私は授業中にもかかわらず、その至福感への憧れが芽生え、その後何十年と追いかけることになりました。

あの時、「至高の瞬間」を肌で悟った私は今、建築家となり「至高の瞬間」を建築の力で完全に実現するために奮闘中です。

「朝」のエネルギーは人々に元気を与えます。元気な人って朝からすごく元気がいいですよね。

我が家をつくるなら、せっかくですから朝のエネルギーをいっぱい受けられる家づくりをするのが良いと思います。きっとご自身やご家族の人生がより良い方向へ変わっていくことでしょう。

夜の楽しみとしてシアタールームやワインバーをつくるのなら、それより朝のテラスを贅沢につくってはみませんか？

私の至高の原点、川端康成の「朝の光の中で」をご紹介します。

> わたくし、カハラ・ヒルトン・ホテルに滞在して、二月近くなりますが、朝、濱に張り出した放ち出しのテラスの食堂で、片隅の長い板の臺におきならべた、ガラスのコップの群れが朝の日光にかがやくのを、美しいと幾度みたことでせう。ガラスのコップがこんなにきらきら光るのを、わたくしはどこでも見たことがありません。やはり日の光りが明るく、海の色があざやかであるといふ、南フランス海岸のニイスやカンヌでも、南イタリイのソレント半島の海べでも、見たことがありません。カハラ・ヒルトン・ホテルのテラス食堂の、朝のガラスのコップの光りは、常夏の樂園といはれ

るハワイ、あるひはホノルルの日のかがやき、空の光り、海の色、木々のみどりの、鮮明な象徴の一つとして、生涯、わたくしの心にあるだらうと思ひます。

コップの群れは、まあ出動態勢の整列できちんと置きならべたさまなのですが、みな伏せてありまして、つまり、底を上にしてありまして、二重三重にかさねたものもありまして、大きいの小さいのもありまして、ガラスの肌が觸れ合ふほどのひとかたまりに揃へてあるのです。それらのコップのからだまるごとが、朝日にかがやいてゐるのではありません。底を上にして伏せた、その底の圓《まる》い縁のひとところが、きらきら白光を放ち、ダイヤモンドのやうにかがやいてゐるのです。コップの數はいくつくらゐでせうか、二三百はあるでせうか、そのすべてが底の縁の同じところを同じやうにかがやかせてゐるわけではありませんが、かなり多くのコップの群れが、底の縁と同じやうなところに、かがやく星をつけてゐるのです。コップの行列が光りきらめく點の列を、きれいにつくってゐるのです。ガラスのコップの縁の、このきらめきに目を澄ましてゐるうちに、コップの胴のひとところにも朝日の光りの宿るのが、私の目にうつって來ました。これはコップの底の縁のやうに強いかがやきではなくて、ほのかにやはらかな光りであります。光線の燦々なハワイでは、日本風にいふ「ほのか」はあてはまらないかもしれませんが、底の縁の光りが點からかがやきを放ってゐるのとはちがって、胴の光りはやはらかく面に、ガラスの肌に、ひろがってゐるのです。この二つの光りは二つとも、いかにも清らかに美しいのでした。ハワイの豊かに明るい太陽、爽かに澄む大氣のせゐでありませう。片隅のテエブルの上に用意した、ガラスのコップの群れに、このやうな朝日の光りを發見し、感得しましたあとで、目を休めるやうにテラス食堂をながめますと、すでに客のテエブルにおかれて、水と氷を入れてあるコップ、そのガラスの肌にも、ガラスのなかの水と氷にも、朝の光りがうつったり、さしこんだりして、さまざまに微妙な明りをゆらめかせてゐました。氣をつけなければ氣がつかないほどの、この光りもやはり清らかに美しいのでした。

川端康成全集 第十五巻（新潮社、1973年）「美の存在と發見」より

※編集の都合上、「近・半・縁・強」の旧漢字は新字表記になっております。

有名中学に入る子どもの勉強場所はダイニング
「魔法の鉛筆」がつくる勉強空間

「魔法の鉛筆」では、いわゆる大きな子ども部屋をつくることは、めったにありません。「勉強のできる子はダイニングで勉強をしている」という報告があります。夫婦共働きが当たり前となり、家事・育児は男女関係ない時代になったとはいえ、やはりキッチンやダイニングにいる時間が長いのはお母さんです。お母さんは、１日の活動時間の７割はキッチンやダイニングにいるとも言われています。

そんなダイニングで子どもが勉強することは、親子関係にとっても悪いはずがありません。

ですから、「魔法の鉛筆」のポイントは、お母さんを中心とした家づくり。お母さんが真ん中にいて、そこにお父さんも子どもたちもみんなが集まれば、勉強だけでなく、自然なコミュニケーションが始まるものです。キッチンの前の大きな大きな栗の木の分厚いテーブルカウンターが幸せの入り口となるでしょう。

子ども部屋は着替えなど身支度ができて眠れれば十分な部屋と割り切ってしまいましょう。部屋にこもって勉強するスタイルはもう古いのです。今や若者はスタバや街の喫茶店、図書館で思い思いに勉強しています。それなら、家の中にもスタバや図書館をつくってしまいましょう。子どものみならずお父さんやお母さん、みんなが集まってくるはずです。

「子どもを有名中学に入れたい！」

そんな将来を描きながら家を建てる方もいらっしゃるでしょう。テレビを見る場所、個人の寝室、収納はできるだけ小さくする。何かのために何かを犠牲にする。片付けは少し頑張る必要がありますが、そうやって少しずつ個室をリストラしていって、我が家のリビングのスタバ化、はじめましょう！

希望と活気をつくるリビングアクセス型住宅プラン
「道と暮らす家」魔法の鉛筆がつくるリビングプラン

住宅建築の設計ではまず、リビングのあり方を考えます。家族の暮らしはリビングのつくり方で変わるのでしたよね。

そして、「魔法の鉛筆」は、リビングアクセス型プランをまずは検討します。家に入ると、まず最初にリビングが広がるというプランです。

リビングは住宅の中では開かれた「晴れの場」。明るく賑やかな場所です。家から出る時、家に帰ってくる時、出発と到着の場は「晴れの場」「陽の場」であってほしいものです。

そして、家の中でリビングという場所は、皆が集まる場所です。自然に、心地よくみんなが集まる建築の仕掛けが必要です。「自然に」とはキッカケをつくるということです。私たち日本人には、偶然、何となく、時には仕方なく始まる、そんな自然なコミュニティが合っているのです。通りの文化のコミュニケーションがそうでしたね。

昔の住宅では、縁側がその役目を受け持っていました。サザエさんの家がそうです。親しい人や子どもはお客様用の玄関ではなく縁側から出入りをしていました。縁側の先にはすぐにお茶の間、つまりリビングがあり、いつも外部と適度につながっていました。明るくて、人肌の、あの感覚、生活感が人を優しくしていたのだと思います。

●「道と暮らす家」

海外のホームドラマに出てくる家もリビングアクセスだということは前述のとおりです。

ところが、リビングアクセスプランの扱い、計画は難しいのです。例えば、家族のプライバシーを守るのにも工夫が必要です。まさかリビングの正面に玄関をつくったりはしませんが、玄関とリビングの位置関係の個性がその家の個性となります。それでもなんとか工夫して取り入れたいのが、リビングアクセスです。とはいえ入り口近くのリビングに抵抗があるようでしたら、なるべく明るく広い多機能な玄関をつくってください。楽しい玄関もテーマです。

魔法の鉛筆がつくると廊下と階段は建築で一番大切な場所

「廊下と階段はもったいないからなるべく狭くコンパクトにしてほしい」とよく言われます。

その分リビングや寝室をできるだけ広くしたいとの希望です。

そんな方に是非お伝えしたいことがあります。

騙されたと思って、廊下の幅をあと10センチだけ広くしてみてください。その分、リビングが10センチ小さくなってもおそらく気付く人はいませんが、廊下はたった10センチ広くするだけでリッチな気分です。もう30センチも広くすれば、ちょっとしたギャラリーにもなります。

実は廊下と階段は楽しくて夢がある場所。「魔法の鉛筆」では特に大切にする場所なのです。

廊下は、街でいうと通りです。シャンゼリゼ通り、神社に続く門前市、哲学の道、桜並木などがそれにあたります。歩いて楽しいのが道。何かが始まるのが道。道を極める。人生を歩む。など道にまつわる言葉はたくさんあります。道と同じく、廊下もそんな場所なのです。おそらく家や建物の中で最も面積を取る場所は廊下という部屋ではないでしょうか？　楽しくいきたいものです。

事務室や倉庫でよく見られる機能的なだけの廊下も、もう少しなんとかすれば仕事が楽しくなるはずです。勿体無いのです。

階段は、ドラマチックな場所です。

映画『ローマの休日』に出てくるスペイン階段、『ロミオとジュリエット』も階段がなければドラマは始まりません。古代・出雲大社本殿の高さは約48メートルあったと言われており、そこに至るまでには長さ実に１０９メートルもの木造階段があったそうです。参拝者はその巨大階段を一段一段上ってお参りしたと伝えられています。またオリンピックでは、聖火台に上る階段が開会式のクライマックスになっていますよね。そんなドラマチックな場所が家にあれば、住む人の気持ちも暮らしも変わっていくものです。シティホテルとビジネスホテルの比較の話の中で、「ロビーやラウンジ・廊下などの館内の雰囲気は、個室の中にまで余韻が残る」という話をしましたが、それと同じなのです。部屋に行くまでの廊下や階段といった「つなぎの部分」の余韻は、その後の気持ちの広がりや余裕に知らず知らずの間に影響を与えてしまうのです。街に文化があるように、家にも文化があるのです。

それから「段差がある家」は良いものです。楽しいものです。

まわりから1段下がったリビングの床に置かれたソファーに深々と腰掛けると空間に包まれたような本能的な縄張りに似た安堵感が得られ、逆にまわりから1段高い場所に上がり、そこにある椅子に腰掛けるだけで周囲を見渡す爽快感が刺激される。感覚を楽しむことで、暮らしの豊かさが呼び込まれます。

バリアフリーよりは少しずつ高さが違う段差のある空間を移動することの方が脳にも良いことは間違いありません。

歩くことや段差についてはこんな話があります。

昔、ブッダの弟子が「私もお釈迦様のような特殊な能力を持ちたい。どうしたら持てますか?」とブッダに聞いたところ、

「一番単純なことを繰り返しなさい」

と答えたと言われています。これは、ただ息を吸ったり吐いたりするような簡単なことに集中すると、いろんな能力が開発されるという話です。ただ座って呼吸をする瞑想や、歩くことに集中するなどのことを言われているのだろうと思います。

単純なようですが、「歩く」ということは実は難しいことなのです。

私は昔、リウマチを患ってしばらく脚を固定していたことがありますが、ギプスを外してすぐの何日間かはどうしても歩き方が思い出せなかった事を覚えています。本人としては大真面目だったのです。「歩き方を忘れてしまった。もう思い出せないかもしれない」と言っては周囲に笑われたものです。今のロボットは違うかもしれませんが、少し前の時代のロボットは歩き方がぎこちなかったですよね。「歩く」ということは、相当頭を使うのだろうと思います。

ちなみに「安全のために」と設計されるバリアフリーですが、実は「階段が急な家のほうが室内の事故が少なかった」という報告もあります。

『ウソだろ!? バリアフリー』（小山和伸、晃洋書房）では、アポトーシス現象（簡単にわかりやすく言うと、不要なものは減退し必要なものは増殖する）という概念を用い、バリアフリーの弊害として身体機能や脳の認知機能が低下すると説明されています。例えば筋肉は、全く使わない場合、1日当たり3～5％も減少するのだそうです。つまり、高齢になっても歩いたり、階段を上がったり下りたりする機能を維持するためには、「まだ私にはその機能が必要ですよ」という信号をいつも脳に送り続ける必要があるのです。

従って、これから年齢を重ねていく人にこそ必要なのはバリアフリーではなく、リスクフリー。たとえ段差のあるところで転んだとしても、最小限の怪我で済むような工夫、例えば床材を柔らかい材料にするなど、そういった積極的な工夫をするリスクフリー空間が必要なのだと結論づけられています。

廊下、階段、段差という変化が起きる場所、一見無駄だと思われがちなところに、実は建築を楽しく明るくする重要なヒントが詰まっているのです。

●廊下が散歩のコースになる高齢者施設

●沖縄のオフィスビル。廊下が道
（首里城の石畳をイメージ）

●マンションの中の段差のある家

第5章

ゴールの世界観をつくる建築家の新しい視点

世界観といえば、前出のフランク・ロイド・ライトの傑作「落水荘」の構想は、あっという間にできあがったといいます。

その日、別荘の設計の依頼者から電話がありました。オーナーのカウフマンは案のできあがりが遅いことに苛立っていました。それに対しライトは、電話口で「その案はすでにできている」と言い切ったのです。「それなら今から車で設計図を取りに行く」ということになり、電話が切られた。まわりで聞いていた弟子たちは驚いた。なぜなら未だカウフマン邸の図面には線一本描かれていなかったからです。その後ライトはカウフマンが到着するまでの3時間足らずの間に、机に向かい何かぶつぶつ言いながら一気に鉛筆を走らせたそうです。

(ここからは私のイメージです)

製図板の前に座ったライトは、鉛筆を走らせながらストーリーをつくっていった。

山の樹々たちに迎えられてアプローチを進み、正面の紅葉に目を奪われたのを合図に右に回転するとカウフマンは玄関に入ることができる。一度ここで呼吸を整える。今度はリビングの方向を向くと、正面奥には自然の大パノラマが広がって一気に陽気になるのさ。大自然に包まれた幸福感、その後彼はちょうど滝の上にのっかったような大きなこのソファーに座るはずだ。暖炉の横では、娘がうとうとと眠りにつこうとしている。

聞こえるのは滝の音だけだ。まるでリビングに小川が流れ込んできているような感覚だ。

そして、カウフマンは言う。

「娘よ、山の上から流れてきた小川、この下に落ちていく滝、この小川や滝は、君が生まれるずっと前から同じ場所で同じリズムで流れているのさ。私はこのリズムが好きでここにソファーを置いたんだ。

今日の音色は一段といい。

とっておきのワインを一緒に開けようじゃないか？」

……ブツブツ。

そんなことを考えたのか？　考えなかったのか？

落水荘構想はカウフマンが車を走らせてアトリエに着く頃にはすっかり出来上がっていたといいます。ライトがそうであったように、私たち建築家はスケールこそ違えど頭の中にあるゴールから物語をつくり、風景を設計図に変換していくのです。

さて、先ほどから物語、物語と言っています。

「建築における物語って何？」

「ゴールを実現するための物語って何？」

そう思いますよね。

本章では少し身近な例として、私の事務所で設計した建築の世界観、「ゴールを実現するための物語」についてわかりやすいものをいくつか写真を見ながら説明します。

学びをエンターテインメントにする世界観
（上海、子どものための中国古典の学校〈上海古典学校〉）

中国・上海にある子どものための中国古典学校における世界観です。

ここは5～12歳くらいの子どもたちが、二胡や笛、碁、水墨画、お茶、中国の古典的国語など、中国の古典文化を学ぶための施設です。日本では考えられない程、子どもたちが熱心に中国の古典的な文化、芸術を学ぶ姿には感心させられました。

英語を学ぶにはアメリカや英国に行って暮らした方がうまくいきそうです。それは無理でも英語圏の風景やその国の人たちがいる環境がすぐ近くにあれば見ているだけでも、接するだけでも勉強のモチベーションはかなり上がるはずです。

古典文化を習うのなら本当はその古典の華やかなりし時代のその場所で学んだ方が感覚は摑みやすいに決まっています。

私は、教室ができるその空間に中国文化の象徴を全て盛り込むことにしました。その時

●上海の子どものための古典学校

代の景色や雰囲気を感じつつ、楽しくワクワク勉強できる空間を創ろうと。

高さ8メートル近い体育館のようなスケルトン空間に、中国の時代ごとの原風景をつくっていきました。緩やかにくねりながら上る「万里の長城」の下町には、殷、周の時代の建物を中心に大昔の絵を頼りに風景をつくり、徐々に階段を上っていくと秦、漢、三国、晋、南北朝、隋、そして華やかな唐時代の建築様式の建物。さらに上っていくと五代、宋、元、明、最後の万里の長城頂上付近は清の時代の風景へと到着します。

階段を上る途中途中で教室から漏れ聞こえる二胡や笛の音。脇道の広場の柳の木の下では囲碁の教室が開かれていて、唐の時代の八角堂ではお茶が振る舞われます。ここでは中国の歴史の全て、４０００年の歴史を一度に味わえてしまうのです。

入り口近くにある三重塔の最上階からは全体が見下ろせます。ここはいわゆる営業の特等席です。この学校の入学案内のプレゼンテーションの場、ビジネスを行う場所です。

こうした空間のオーラは、建築の力によるものです。
人は自分一人で突き進めるほど、意志が強くありません。「万里の長城」の階段から放たれる歴史や文化といった「場所のオーラ」は、子どもたちの知性の習得を後押ししてくれるでしょう。

勉強だって楽しくなければ誰も頑張ることはできないのです。

クリニックをエンターテインメントにする世界観1
（健診センター）

健康診断などを行う健診センターが、会社から休暇を1日もらい我が身の健康を確かめる場所だとしたら、心も一緒にリフレッシュできるリゾートが良いと思います。せっかくの機会なので1日中、ゆっくりしたほうが良いのです。

ここでは旅館に滞在するような気分で検査が受けられ、身も心も一緒にリフレッシュできることがゴールです。早く受診して早く治療が始まれば良いことはたくさんあります。凛として粋な空間は心身にとって、緩みすぎずに安らぎと安定をもたらす、ちょうど良い空間なのです。日本にはもともと「襟を正す」という文化があります。江戸時代の裃《かみしも》を着た役人などの出立は、効率的な発想からの服ではありません。

日本の剣道のスッと背筋を伸ばし微動だにしない構えは戦いの中、とても美しいものです。

真のリラックスは凛とした中にあると私は思います。

●「凜とした粋」な健診センター

医療の場の外観もとても大事です。優しく寄り添う中にも襟を正した出立は、医療の姿勢や信頼感を示し、利用者には安心感を与えることができます。

玄関ロビーを抜けて待合ラウンジに入ると、晴れやかな和の空間が広がります。

2層分の吹き抜けスペースには個別の茶室やコーヒーラウンジ。丘のように2〜3段上がった場所には、足湯コーナーもあります。

そこから少し離れた一角にある読書コーナーでは根っからの仕事好きな人たちが満足そうに時折カタカタとパソコンのキーボードを叩く風景も見ることができます。

いろいろな場所があるので待合時間に何を

●健診センターのラウンジ。足湯コーナーと喫茶室

やるかは自由です。

病気は早く見つけること。ときどきは、1日くらいゆっくり休んで、心と体に良いことをしながらリフレッシュする。そしてそれをきっかけに毎日を過ごす。これは『脳内革命』の著者、春山茂雄の医療に対する想いを建築に投影した世界観の一部です。

少し余談です。

もう30年も前のことですが、私が春山先生と出会った当時、先生は医療のガイドラインを全面的には信頼していなかったように思います。「私がこの患者の親だったら、そうはしないから私はやらない」と言い切っていたのを幾度となく聞きました。

また、私が病に倒れた1週間後、近所の医者からは安静を言い渡されていましたが、どうしても飛行機で出張に行かなければならなくなり、春山先生の病院に向かい事情を説明して相談しました。すると、「どうしても辛くなったらこの薬を1錠だけ飲みなさい。……行っても大丈夫ですよ。あなたはその病気ではありません」と言い切ったのです。そしてにっこりと微笑んで肩をそっと2回叩いてくれました。無事成果を上げ出張から帰ってくるまで、頂いた薬のことは忘れていたほどです。

医療のことは私にはよくわかりませんが、これが患者にとっての治療の本質ではないのでしょうか?

今となって考えてみると、夜間診療を普通診療の料金にしたり、病院があまりにも綺麗なので誤解されることも多かったのかもしれません。他の医師たちや医療業界との衝突も多かったのでしょう。マスコミの対応もすこぶる悪くなりました。『脳内革命』という本がシリーズ累計600万部を超える一大ベストセラーとなったために、「反春山」の声が次第に増えていったような気がしていました。

当時、病院には名だたる有名な建築家や建設業者たちが大勢関わっていました。それでも、まだ30歳になったばかりの駆け出しだった私に、その後のプロジェクトの全てを預け、心が折れそうな時には「頑張れ、頑張れ」と励ましていただいたことには感謝しかありません。

これはそんな思い出いっぱいの「私の青春建築」の一つです。

クリニックをエンターテインメントにする世界観2
（総合内科）

〝人が優しいほのぼのとした集落の風景〟が世界観。

そのクリニックは、熊本の阿蘇山の麓の冬は雪深いところにあります。
木造のロッジがよく似合いそうな街。
よく似合うということは、近づきやすく親近感があるということです。

●阿蘇のクリニック。くまもとアートポリス推進賞受賞

●同上

熊本の市内から程近いこの街は古くからの伝統が息づく街でもある。その街に新しい診療所ができる。
人が優しいほのぼのとした集落の風景であれば、Dr.コトーがいてもおかしくないような世界観。

「ちょっと先生に相談してみようか？」
医療ってそんな距離感が良いのだと思います。

ひとつひとつは小さな木造の山小屋が集まってできた中央の広場にガラスの大屋根がかかり、大屋根の下の広場の奥にある暖炉の周りにみんなが集まる。

「あったかいよ。おいで、おいで」と。

たとえ無愛想な赤髭先生だったとしても良いではないか？
こんなあったかい診療所をつくってくれる先生なら絶対「心優しい先生」なのです。

クリニックをエンターテインメントにする世界観3（キッズデンタル）

もしも腕の良い歯医者さんがハワイにいたなら、しかもそのハワイがすぐ近くにあるとしたら親御さんなら連れて行きたくなる。

クリニックといえどビジネスが成立しなければ医療は始まらない。地域に初進出のクリニックの様子、雰囲気、やる気は外観でしかわからない。

神奈川県の相模原に横浜の小児歯科医院が進出した時の話です。

「どうせやるなら突き抜けろ！　行けー！」と理事長が言うので、

パーーーーン！

みんなでトロピカルアイランドづくりが始まりました。

ハワイか、タヒチかはどうでも良く、面倒なテーマやこざかしいシーンの設定もありま

●相模原敬友会歯科外観
（常夏の国デンタルランドはガラスのない吹き抜けのアトリウムから）

せん。

とにかくパラダイスをつくるのです。愉快なことならいいんです。

（工事現場の声）

ここに虹かけられないか？……タロフォフォの滝はどこ？……カメハメハ大王がどっかいった！

……ん!?……ここ、歯科クリニックだよね!?

楽しいのが建築。面白いのが建築なのです。

外観はまだまだおとなしい。大きな吹き

●相模原のキッズデンタルの待合室
（細かなことから考えていくと大きいテーマには辿り着けない）

抜けがあるくらいでクリニックにも見えなくはない。

大きなアトリウムのような、吹き抜けのような入り口から外階段を駆け上がるとあっという間に2階に到着。するとそこは常夏の国。パラダイスなのです。

こんなところで治療を受けたら痛いはずは絶対ない。子どもならきっと油断してくれるはずです。

理事長の想いはひとつ。嫌がる子どもこそ早期の治療が必要なのです。痛くはしないからはやく治療をしよう。

「その歯が君を一生守ってくれる」

●横浜・中川のキッズデンタル

3階は大人のための歯科医院です。保険診療から、矯正、インプラントまでやさしくて腕利きの先生たちが揃っています。

私は「2階がハワイなら、先生、3階はパリで……」と少し悪ノリしました。

「それはやりすぎだろう！」

「なぜパリ？　ハッ、ハッ、ハッ」と大笑い。

確かに。

楽しい建築はつくる時も楽しいのです。

藤原氏の別荘地という世界観「華やかな京懐石」

料亭といえば数寄屋建築。質素な空間は侘び寂びの世界観。世の重鎮たちが足を運ぶ。

私ならどうせ豪華な食事をするならいっそのこと、殿様になった気分で食事がしたいと思うのです。

殿様なら、金屏風を背にした御《ご》殿《てん》御《み》簾《す》に囲まれた畳敷の高座で庭先の桜を眺めつつ一献、また一献と傾けながら食事をするのでしょう……。

日本が輝いていた、平安時代
その頃の藤原氏はあちこちに別荘を持っていたに違いない
小川近くの寝殿造は艶やかで朝靄に舞う桜の花びらが歌を奏でる
少しずつ夜が明ける
樹々の木洩れ陽
静寂の中、誰もが夢見る
一度で良いからそんなところで朝飯を食ってみたい

●華やかな京懐石

●同上

１０００年戻ることはできないが、戻ったつもりの世界観はできる
さぁ、ここで、食事をしよう！

自己肯定感を高める保育所の世界観
ゾウさんやキリンさんだけじゃない保育園づくり

小さな頃から自己肯定感を保つことは大切だと思います。例えば、子どもを誉めて育てることは本人の自信へとつながるのでしょう。

建築にもできることがあります。

幼少期に触れる建築の世界観は重要です。

ゾウさんやキリンさんだけが保育園の建築の世界観ではありません。品格と自己肯定感が育つ時こそ、品格ある力のある建築に触れてほしいのです。そしてできれば日本文化にも接してほしいのです。

●目黒の保育園

上の写真の保育園は、和の文化と西洋の文化が融合された寛容な大正ロマンの世界観です。その時代の建築には西洋に追いつけ、追い越せ、という日本文化の息吹と情熱が感じられます。

「頑張れ子どもたち、大きく育て。もう一度、Boys, be ambitious!」と私は思うのです。

余談ですが……

今、ソーラーパネルを屋根の上に載せることが絶対正しいとされてきています。

強く推奨している自治体もあります。

いくら環境に配慮といってもソーラーパネルにも欠点は色々とあるようです。

例えば使用後の廃棄問題。ソーラーパネルには有害物質も使われているのだとか？　また、ソーラーパネルを製品化すること自体にかなりの環境負荷がかかり、本当のところトータルすると、どのくらい環境に良いのか疑問も残るという話も聞いたことがあります。

もちろん、世界的に推進傾向でもあるのですから良いところはたくさんあるのでしょう。実際にこの保育園でも採用して活躍しています。

それでも私は、「全建築の屋根」に太陽光パネルを取り付けるというのはやめた方が良いと思います。ケース・バイ・ケースが良いのです。

私は景観上、ソーラーパネルの屋根はあまり好きではありません（写真の建物のソーラーパネルは通常の目線では見えません）。

もしも、どんなに効率が良いソーラーパネルができたとしても、パリの街並みには似合わないのです。

「三丁目のビル」という世界観

「綺麗でかっこいい」を目指すならシンプルなデザインがよく映えます。軽めですっきりとしていて、色は白と黒とグレーならデザインを外すことはまずありません。

しかし人生に、ビジネスに力強い希望のメッセージを持たせるのなら、映画にもなった、昭和の『三丁目の夕日』の世界観はどうでしょうか？

武骨で大胆で、さまざまな色や素材、形を受け入れたような、一見すると「未完成か？」と思わせるような外観なら成功です。

例えば左の写真のビルはサッシの色が3つもあり統一はされていません。黒やシルバーのアルミサッシの窓枠やワインレッドで塗装されたサッシ窓など。外壁に合わせて多様です。

それぞれの階の表情や主張もバラバラで賑やかです。いざという時以外はあまり使いたくない外階段が、3階と4階の正面にドンと鎮座しています。あちこちに植えられた草木、花は季節ごとに枝葉を伸ばし、花を咲かせ、街に季節の移り変わりを教えてくれるでしょ

●マエノ薬局

う。

色とりどりな『三丁目の夕日』のような世界観、ワクワクしませんか?

四角いグリッドの世界から抜け出し、
少しの失敗など気にならない世界、入居者の希望と発展がゴールです。

住宅の世界観1

バリ好きなオーナーにはバリに住むという夢を建築でかなり叶えることができます。
バリの海沿いにある小さな村を小高い丘の上のリゾートホテルから望むという世界観。

夕暮れになり目の前の海に真っ赤な夕日が沈んでいく。
村の家の灯りが少しずつ灯される。
人としての暮らしに心が和む。

● バリ風の家

リビングから3段ほど上がった、海に突き出た「小さな離れの部屋」から、自邸の様子が見える。あちらこちらの部屋の灯りが、バリの村の家の灯りのようにも見える。

家の中のそのまた「離れの部屋」は、ちょっとした非日常空間なのです。

シンプルに「バリに住みたい」と言ったオーナーが、たった一言だけ付け加えたオーダーが「無駄に広い空間が好きです」でした。

初めて聞いたオーダーに思わず膝を叩いたものです。無理をして無駄をつくる。遊び心でもない、ただ無駄な空間を言われる通りに素直につくってみたら、それはそのままリゾート感満載の家になったのです。

どんなに開放的であっても機能的で合理的な空間だけではリゾート感を味わうことはできなかった。

デザインの調和が取れすぎた空間でもリゾート感を味わうことはできない。

そんなことを教えられたバリの家でした。

住宅の世界観2
美術館に住む三軒長屋の世界観

アパートをつくるのに、「真四角の壁にただ屋根がついたアパートみたいな建築にはしてほしくない」とオーナーは言いました。

それならばと、窓を1ヶ所だけ三角にして、屋根を斜めに傾けました。どうでしょう、美術館のように見えますか？

●美術館に住む

建築の印象は、各部のパーツの単独でのデザイン、出来とは実はあまり関係ありません。

ほんの少し、その位置、バランスを変えるだけでイメージが変わります。

別な言い方をすると、その少しのセンスの違いに気づかないだけで建築の価値を大きく下げてしまうことになります。

カッコ良い、カッコ悪いは小さなことの積み重ねです。一発逆転、ここだけやればそれで大逆転といったスーパー・ウルトラなデザインはそうはありません。

カッコいい家に住むことで、カッコいい暮らしを夢見ることができます。

どうせならカッコよく暮らしたいものです。

住宅の世界観3
毎日旅館に帰るという世界観

毎日旅館に行くような気分で家に帰れたらいいですよね。

バカンス気分が好きならリゾートホテル風が良いでしょう。住宅こそ、そういう遊び心が本当は大切なのだと思います。もしも、自分の安らぐ場所がはっきりとイメージできているのなら、誰に気兼ねすることもありません。あなたの家はあなた好みの家で良いのです。一生懸命に考え抜いて建築家に伝えてください。

ちなみに、長きにわたり伝承された様式を取り入れるシンプルな答え、日本人なら和風は、のちのち、ジンときます。

●外観は「旅館に帰る」がテーマ

住宅の世界観4
道と暮らすという高齢者住宅の世界観

高齢者のための住宅は生涯現役な暮らしがゴール目標です。

それには、人との密接なつながり、社会とのつながりが重要です。とにかく人が出入りしたくなる家が良いのです。賑やかな暮らしが老人には似合います。

歳を取れば取るほど、知恵や人脈は広がっていくものです。

仕事はもちろん生涯現役です。
建築界の巨匠フランク・ロイド・ライトは70歳で落水荘、
72歳でジョンソン・ワックス本社、
77歳で同研究棟。
そして92歳であのニューヨークのグッゲンハイム美術館を設計したのです。
もしライトが65歳で引退していたらこれらの傑作は出来てはいません。
巨匠と呼ばれることもなかったでしょう。

●道と暮らす家

●沖縄のホテル

O・KI・NA・WAという世界観

沖縄に行きたいと想う時は沖縄気分を満喫したい時。ハワイやバリ島、ロンドンやパリに行きたい時ではありません。

ハワイ風でも全世界標準型ヒルトンホテル風でもない突き抜けた沖縄の世界観が体験できること。それが沖縄の魅力なのです。沖縄では沖縄の良さだけを突き詰めてホテルにした方が良いと思います。欠点が少しはあるかもしれませんが、欠点をなくせばなくすほど沖縄らしさは必ず消えていくのです。

日本とアメリカと中国の文化がぶつかったような一見アンバランスで荒削りなエネルギーいっぱいなことが沖縄の魅力だと思います。

日本で、たったひとつのトロピカルアイランド。

大好きです。

「ギャラリー・ラファイエット」は1893年に創業

パリにあるデパート「ギャラリー・ラファイエット」は1893年に創業しましたが、130年経った今でも建物は現役で、重厚な趣は何物にも代え難い価値を放ち続けています。

フランスでは、今ある景観をさらに向上させるものでなければ建築してはいけないという決まりがあるといいます。その建物がその街の景観を向上させる力があるかどうかは文化省が判断するのだそうです。

したがってフランスは、時間が経てば経つほど街の景観は必ず良くなっていくのです。

良くしかならない仕組みが整っているのです。

日本にも景観条例など景観の配慮に関する規制があります。地域により建物の色や、鮮やかさ、建物の高さ、壁面の後退距離などが制限されますが、建築的センスを正面から評価する制度は今のところありません。

ヨーロッパと日本の大きな違いは、おそらく「ものの見方」に起因するのではないでしょうか？

ヨーロッパでは、「在るものの良さ」を見つけることから始めています。経年変化した外観を尊重し、建築のもともとの軀体（建築を構造的に支える骨組み）など健康な部分に注目し、完璧を求めず、それらを生かし修復しながらバージョンアップしていく。

一方「無いものを補う」という日本では、どうしても最初に無いものにフォーカスされ、その欠点が増幅され、失敗が許されにくい文化的な背景もあり、万全を期すためには建て直すということになってしまいます。

ギャラリー・ラファイエットは長い年月の中で、創業当初の趣を踏襲し、時代の変化を生き抜いてきた「成熟した建築」。新しく同じように建てられた建築があったとしても格式や品格は遠く及ぶはずもありません。そしてその価値はこれからも上がり続けるでしょう。

下町の商店街が廃れて、大型ショッピングモールが流行る

下町の小さな商店街がにぎわいを失ってしまうのは、近隣に大型ショッピングモールが建設されることの影響が大きいのでしょう。

ショッピングモールのように大きな施設はブランド力があります。大量仕入れで価格も安い。品数も多く、一度に買い物をすませることができて便利です。

ところで、興味深い話を聞きました。最近日本人が魚を食べなくなったのには、ショッピングモールとのつながりがあるというのです。魚離れには、漁獲量の減少、調理に手間がかかるなどさまざまな要因があるとは思いますが、「最近の魚はまずいから」と言う人

が結構いるらしいのです。

例えば、ショッピングモールがない頃は、買い物といったら近くの商店街でした。毎日行くのでお店のご主人たちとも当然顔なじみ。

「お客さん、ちょっと高いけど今日は良いマグロが入ったから、こっちのマグロを食ってみなよ。絶対うまいから」

「そう？　じゃあ買ってみようか？」

そんなやり取りをして実際に買って食べてみると、これが本当においしい。つまり、かつては少しだけ値段が張っても良い品物に出会える機会があったのです。もの選びのプロが、ちゃんとすすめてくれていました。良いものはよくものを知っている誰かがすすめてくれないとわからないものですし、本物は高くてなかなか自分では踏み切れないものです。

ところが、切り身がパックに入って並べられたスーパーの鮮魚売り場ではそうはいきません。選択基準が価格しかありません。おいしさを知る術もない。結果、安かろう悪かろうのものを選んでしまいます。そうなると、店側ももっと安くて売れるものを並べるようになるわけです。

つまり「魚がまずくなった」というのは、「商店街が廃れてコミュニケーションが少なくなったことで、おいしい魚をすすめてくれる人との出会いのチャンスがなくなってしまったから」ということも、ひとつの要因と言えるわけです。

いまや買い物はどんな商品もAmazonや楽天など通販サイトのクリックひとつで自宅まで届けられます。ガソリンスタンドはセルフの店舗が増え、コンビニでも自動精算機が普及し始めています。人が介在しない買い物は、「自分がその場で持ち合わせている価値観の中だけ」でループし続けます。コミュニケーションが生まれないと、「買い物の力」も今以上に進歩することはないのです。

人が介在することによる若干の「違和感」と「強制」で、選択の幅が広がり価値観が進化していくのだと思います。

建築の話ではありませんが、私の価値観が大きく変わったことがあります。

私がまだ20代で、九州から上京してまもない頃。まだ「バンカラ」という、洒落っ気のない服に下駄やサンダルで男臭さのあるファッションがカッコいいとされていた時代でした。

私は東京の設計事務所に就職してなお、そのバンカラがカッコいいと思っていたのです。

一方、その時の設計事務所の社長はダブルのスーツの胸ポケットにネッカチーフを挿して、長い髪を親指で掻き上げるような洒落た先生でした。

若かった私は、一心不乱に設計一直線。何日も、会社に寝泊まりしていましたから、着替えもろくにせず、よく言えばバンカラの極み、はっきり言ってしまえばただの汚い若者でした。

それでもそれが青春のカッコよさと思っていたものです。

そんな私がある時、社長に呼び出されました。

そして「今から銀座に行くからついて来い」と私を車に乗せ銀座に直行すると、そのまま4丁目の百貨店の背広の仕立てコーナーに連れていきました。

「こいつに合う背広をつくってやってくれ」

社長はそう言って2着分の背広の生地を選び、目が飛び出るほどの高級背広をオーダーしたのです。23歳の若者が高級仕立ての背広なんか絶対つくらない。

自分だけでは生涯選択しない価値観でした。

1～2ヶ月経った頃、オーダーしたスーツが会社に届けられました。
会社の連中が皆覗き込み、「着てみろ」と私を突《つっ》く。
仕方がないので、恥ずかしくも左手を通した。
そして右手も通す。
「ズボンも穿け」というのでズボンも穿いた。

その時、私の人生の価値観が大きく変わったのです。

「良いものが良い」とわかってしまった。
「もう前の自分には戻れない」

それからというもの、そのスーツに合わせた振る舞い方に変わっていきました。仕事で出張の時には、自腹を切ってもグリーン車に乗り、泊まる場所はビジネスホテルではなくシティホテルを選ぶようになったのです。多少の金持ちと話しても気後れすることがなかったのは「服の力」があったのかもしれません。

「立派になってやろう」とがむしゃらに頑張りました。信号待ちの時間が惜しくて、そのわずかな時間にも本を貪り読み勉強しました。自分では絶対に選択しない新しい価値観は、人に強制されなければ生まれることはなかったのでしょう。人生が開いていくこともなかったのです。

こんなことは、合理的なセルフ式のショッピングモールでは、絶対あり得ない話なのです。

そしてこれが、身の回りの環境で自分は変わる、「服の力」で変われるのならば「建築の力」なら人はもっと変わることができる、と思った瞬間でした。

CADより鉛筆「失敗や無駄はプレゼント」

失敗や無駄から生まれることはたくさんあります。

しかし、人間はわざと失敗することはできません。できることは、失敗や無駄を受け入れ、本当の自分に近づけていくこと。実はそれが、人生を豊かにする秘訣なのかもしれません。

コンピュータのＣＡＤで描かれた図面は綺麗です。間違いも気付きやすく、いろんなシミュレーションができるので良いデザインができます。

しかし私はどうしても、鉛筆やペンで描いた方が良い案ができるような気がしていました。

ただし、その理屈がわからなかった。

一度、建築の大先輩に聞いたことがあります。

「先生、なぜ建築の案はＣＡＤではなく鉛筆の方がうまくいくのでしょうか？」

巨匠、高松伸は即座に答えました。

「そりゃー君、間違えるからだよ。間違えるから、いいんだ」

そうか！

考えてみればエジソンだって多くの発明や発見は、間違いから始まりました。人は自分の才能や理屈だけで傑作ができるほど賢くはありません。「偶然の力」は、間違えることによって導き出されることが多いのです。

そういえば、この本の原稿を書いている時にも失敗がありました。パソコンで書いていたのですが、全体の3分の2くらいまで進んだ頃、操作ミスなのか、なぜかすべてのデータが消えてしまったのです。一部は復元できたものの、長い休暇中に1週間缶詰になって、一生懸命、力の限り書いた部分のデータがどうしても復元できない。一瞬にして半分の原稿が消えてしまったのです。休暇の最終日でしたのでショックのあまり、とりあえずお風呂に入りました。

再度パソコンのメーカーに食い下がっても「普通の状況では起こらない現象」とのこと。だが、しかし、起きてしまったのです。何度やってもどうしようもないことがとうとうわかってしまいました。

私は決心しました。

「よし、これから私はあと1時間だけ、思いっきりクヨクヨしよう」と。

このあとは気持ちを切り替えて、心の修行ということにしようとも考えました。そして、その後1時間、思いつく限りのクヨクヨをして、メーカーにもう一度電話をして、今度は文句を言って気持ちの捌《は》け口《ぐち》にしました（ごめんなさい、電話に出られた担当の方……）。

もちろん、1時間程度で私の心が回復することはありませんでしたが、無理矢理気持ちを切り替える事にしました。

「もういい！」と。

そして私は、ノートパソコンを1台だけ持って静かなカフェに入りました。

ちょうどお昼だったので軽く食事をして、その後やる気のないまま無理矢理パソコンを開けたのです。「決めたことだから」と。

「あー、ここは何を書いたんだっけなー。結構いいこと書いていたんだけどなー」

また後悔が湧いてくるのを抑えつつ、とにかく先に進みました。

すると1時間もたつと、いい言葉がいくつも出てくるようになり、気分もノッてきました。データがなくなる前とはまったく違うアプローチの説明の仕方も多々思いつきました。

そうこうしているうちに7時間ほど経過。そのまま夕飯も昼と同じものを食べて、さらに続けていると閉店時間。

「データが消えたことで、良くなったところがたくさんあったなぁ」

帰り道にそう考えました。

「これはきっと神様か仏様が消してくれたのかもしれない」と思えてきました。そうでなければ自分でわざわざ考えて書き直したりはしません。もしかしたら、書いてはいけないことが書いてあったのかもしれません。

振り返ってみれば、これまでの人生で起きた数々の失敗も、その時は本当に苦しかったのですが、過ぎてしまえば結局、「あれはあれで起こって良かったことなのだ」と思えます。人生のどん底から這い上がった者だけが得られる力もある。教えられたこともあります。

失敗や無駄は後戻りでは決してありません。失敗や無駄は神様や仏様からのプレゼントだと、私は本当に思うのです。

結局、間違うので、ＣＡＤより鉛筆がいい、という話でした。

第6章

建築家が教える土地の有効活用法はこれだ

遊休地の活用の
仕方と住宅の建て方

空いている土地にどんどん建築をつくっていくという時代はもう終わりました。日本の人口は将来８０００万人台になってしまうとの予測もあるほどです。これから、建築は数の時代ではないのです。

土地の有効活用については仕事柄よく相談を受けます。

商業店舗やクリニック、保育園や老人ホームなどそれぞれに適した場所なら、入居事業者との出会いがあれば土地の有効活用はすぐにできます。実際、私たちも設計業務受注のために積極的に入居事業者を探します。

しかしいつでもどの土地でも、事業者が見つかるかというと、そうではありません。

またアパートやマンションを建てて、賃料を期待しても、10年後も20年後も満室になるとは限らないのです。10年後ってすぐに来てしまいますよね。

それでも、土地の有効活用なら、私はあえて正攻法。アパート、マンション、戸建ての賃貸住宅建築が良いと思っています。なぜなら、今、賃貸マンションがないのです。自分なら住みたいと思うマンションがないのです。２００年も残したいという価値ある賃貸住宅がほとんど見当たりません。

この先住宅が余ってきて、住む家が選べるようになってきた時に、今の戸建て、アパート、マンションのつくり方では選ばれません。

時間が経てば経つほど価値が上がる、賃貸のアパート、マンション、戸建て住宅が圧倒的に足りません。

これまでのそれらとは全く違う建築になるのかもしれません。この先の人口減の時代、現在行われている利回りを意識しすぎた建築様式、工法、プランではあまりに窮屈です。

現在の建築の空間のつくり方が密集しすぎていて良くないということは、コロナ禍の経験がなければ今こうして書いていても、オーナーへの説得力はなかったかもしれません。

私は、日本の建築で一番遅れているのは住宅建築の環境づくりだと思っています。

一昔前からすれば、現在ではずいぶん住環境は良くなりましたが、まだまだ理想的な環境には程遠いのです。

また最近では、リモートワークを取り入れている企業も増えて住宅に求められる機能も変わってきました。生活を楽しむというライフスタイルも定着してきました。

本当に価値ある、住宅づくりに挑戦しませんか？

もう何度も出てきた話ですが、建築はこの先１００年も２００年も使い続けなければならないのです。

街の環境づくりに貢献するため、未来の子どもたち、孫の世代のために、そして日本のために。

使用権住宅だけが至高の住環境をつくる

土地の有効活用のため賃貸の集合住宅を計画しようとすると、「駅から遠いから無理だ」とか、「市街地から遠すぎるから入居者がいない」という理由で断念することが多いと思います。

現在の不動産事情で言うと、住宅の価値は「駅近」で「築年数が新しいこと」がまず初めに来るので不便な場所ではＮＧなのです。

一方、街中に夜中にピアノを練習したり、カラオケができるようなアパートはそうそうありません。ペットを自由に遊ばせたいと思っても大体のマンションでは断られる。バーベキューをやれるような賃貸マンションなど見たこともありませんし、緑豊かな、カッコイイ賃貸住宅もそうそうありません。便利な場所の建築はそれだけで十分なので、それ以上の建築としての価値を探す工夫や努力はほとんどしません。経済の論理で言えば余計なことになるからです。

だからそれ以上の住宅が駅近にはないのです。

しかしそのなかなかない建築をつくることができれば駅から多少遠い場所でも住みたい人はきっといます。これまでの建築が単に便利さという条件に負けていただけなのです。知恵が足りなかったのです。雑巾を絞って、さらに絞って、もう一度絞って出ないとなった時にもう一度絞って、諦めかけた時に絞ったタオルをさらにもう一度絞って出るくらいの知恵をこれまで絞ってこなかっただけのことなのです。死ぬ気で考えれば知恵くらいは出ます。何事も私はそう思っています。

これからの賃貸住宅は暮らしが楽しくなる、カッコ良い建築にするべきです。理想の住環境をつくるのです。

最近は、サブスクリプション方式を利用して、車を所有しない方が増えてきています。住宅も近い将来そんなふうになっていけば良いと思います。

こういう言い方は不適切かもしれませんが、低価格住宅などの登場によって本来であれば家を持てるほどの余裕がない世代でも家を持てるようになりました。

「どうせ家賃を払うなら、将来は自分のものになる住宅を早く買った方が良いのでは？」と。

いいえ。その金額では、本当に価値ある建築をつくることはおそらくできません。しかも結局住宅ローンに追われ、嫌なことも我慢しながら借金を返済しなければならないという人生になってしまいます。そして人生が終わる頃に、子どもたちはまた自分たちで親世代と同じような家を建て直す事になります。住宅ローンが若い世代向けの設計になっているのでそうなってしまうのかもしれません。

私は家を建てることよりも、価値ある家で暮らし「建築の力」でより良い人生を歩むことを選んでほしいと思っています。価値ある家で暮らせば「人生力」がつきます。一角の財産ができたところで、人生の最後の財産としての家を建てて次世代に繋ぐのが、成功者の役目だと思います。それが「きれいな日本」ができていくきっかけとなるのです。

街に希望を与えられるような芸術的な住宅、時間が経てば経つほど価値が上がる建築をつくるにはやはりお金がかかります。

それをまず実践できるのが、いますでに土地を持っている地主の方々や、資産があり投資ができる方々なのです。本当に価値ある建物をつくることができれば、これまで何度も触れたようにその未来、その先まで資産価値ははかりしれないのです。

賃貸住宅は街の価値を高めます。

賃貸住宅は建築家主導でプランを進めていくことができるので、環境をも俯瞰した計画にすることができます。この本に書いたすべての手法をフルに使い建築することができます。また賃貸住宅なら、住まい方に制限をかけることもできます。管理事務所が積極的であれば、住宅の周りに四季折々の花を咲かせることもできます。「自分の家なんだから、ここにゴミを捨ててもいい」といったいわゆる「ゴミ屋敷」問題も心配する事はありません。気がついたところはオーナーの一存でどんどんバージョンアップできることも賃貸住宅ならではの良いところといえるでしょう。

住む側にとっての分譲住宅と賃貸住宅の大きな違いは、自分のものか？　他人のものか？　というところですが、多くの人は自分の財産が欲しいと思っているはずです。それはみんな同じです。

そこで私が提唱したいのは「使用権住宅」という概念です。私は「使用権住宅」こそ理想の住まい方だと思っています。使用権住宅は、例えば、ゴルフ場の会員権や有料老人ホームなどを想像していただければよいと思います。入会金や保証金を支払うことで、その住宅を自由に使う権利はあるけれども、所有権はないということです。

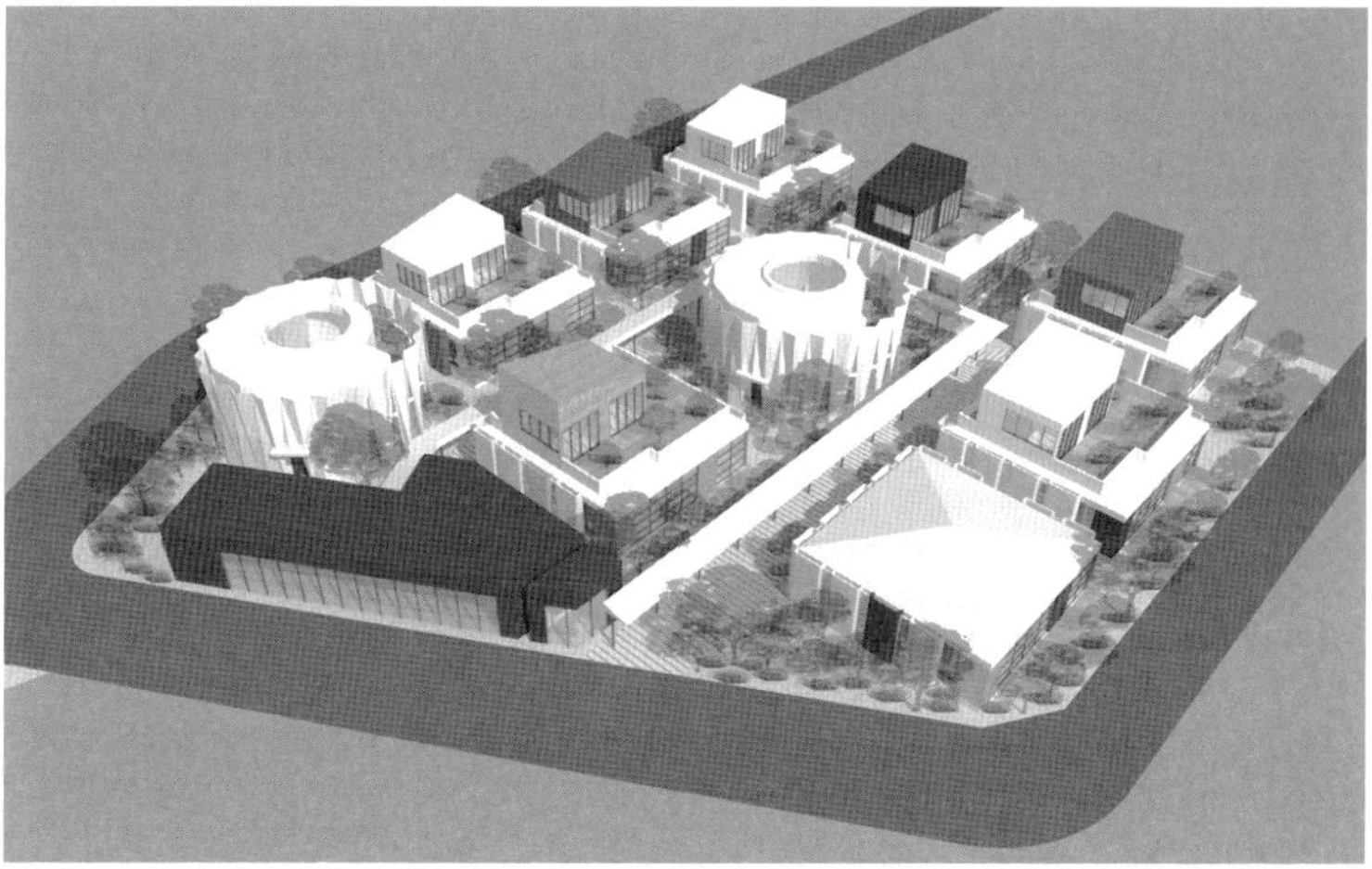

●戸建て住宅型マンション　まだ日の目を見ない生涯現役のための戸建て型マンション
（使用権住宅　対象：生涯現役を目指す高齢者　管理：プロのお笑い芸人が手がける明るい管理。ビジネスと生活をサポートするサポートルームがこの街のインフォメーションになる）

　ゴルフ場の会員権を持っているからといって、

「あの3番ホールは俺のものだから、芝生は長めにする」

「私は黄色が好きだから、クラブハウスを黄色のペンキで塗る」

　といったことはできません。

　また、会員資格でプレーすることはできても、コースの順番を変更したり、あらかじめ決められた規則を破ってプレーすることもできません。

　しかし、特別なお客様としてゴルフ場から丁寧に接してもらえるなど、会員にしかない特権はたくさんあります。また会員権を持っていることにはステータスがあり、その権利を別の人に譲渡することもできます。有料老人ホームなども同じような考えです。施設を使用する権利は生涯ありますが、所有権はありません。

実質は賃貸住宅とそう変わるものではないかもしれませんが、私の思う使用権住宅にはステータスがあり、財産のように誰かに引き継ぐこともできます。そのため、「借り物は嫌だ！　財産として子どもに残したい！」という思いを持つ方にも理解していただけるのではないでしょうか？

常日頃から人に会っては宣伝、提案するのですが、このプロジェクトも未だ事業化には至っておりません。

新しいことって、本当に大変ですよね。

人生にとって最も大切で、有意義であるべき高齢期。これまで一生懸命走ってきたからこそ辿り着いた境地。「生涯現役」はあのニーチェも言った最高の生き方です。そんな「生涯現役」のための高齢者が暮らしやすい明るい住宅環境を使用権型で運用する。

これが理想の住環境をつくる方法のひとつです。

もうひとつの住宅の建て方

マイホームのつくり方には2つの方法があります。

自分の趣味嗜好で、隅々まで思い通りの家をつくる注文住宅。楽しいですよね、家づくり。それこそが価値になります。建築家は強力に設計サポートをします。

もう一つは自分の条件を伝えた後は建築家がプロとしての具体的な設計案を提示しながら進めていく方法。後々建築としての本当の価値、財産としての価値が判明していくことでしょう。

「そりゃあ、建築家に頼めるもんだったら頼みたいよ」と言われる方も多いと思います。ただ、「建築家の渾身の設計案」を採用したいと思っても、巡り合えた建築家の設計・監理料が、建築費の10%や15%と聞かされると、やはり二の足を踏んでしまう。それでも雑誌に出ているような建築家が設計した家に住んでみたい。という方々のために、私が今取り組み始めた新しいマイホームの建て方を最後にご紹介致します。

それは建築家が描いた、かっこよくて完璧な住宅の図面を安く買って近所の工務店さんに安くつくってもらうというやり方です。

それはふとした縁で気づいた設計のあり方なのです。前述の通り、私は「葉山シャツ本店」の白いシャツの開発に携わっていたことがあります。その頃の葉山シャツ本店は、最高級の完全オーダーの仕立てシャツが自慢のメーカー。1着1着、お客様の体型に合わせ、仮縫いから本縫いまで丁寧に仕立てたシャツの着心地は格別で評判でした。

しかし4万円以上もするワイシャツ。本当は着てもらいたい働き盛りの若いビジネスマンには、そうそう手が届くものではありませんでした。

そこで私たちは、クオリティーの高い本物の白いシャツを、それまでのオーダー仕立てのシャツの半値以下で何とか提供できないものかと、皆で知恵を出し合い、「渾身の葉山シャツ本店の白いシャツシリーズ」の既製品をつくることにしたのです。「プレタポルテ」というものです。

有名な腕利きのデザイナーに協力を求め、一流の職人と最高級の布地を結集させました。サイズは全部でなんと21種類、これまでの葉山シャツ本店の顧客様のサイズを分析して、どんな体型の方にも対応できるよう「葉山スケール」なるものも開発しました。

その代わり既製品ですから、全てが自分好みというわけにはいきません。猫背の人はシャツの前身頃に少し皺が寄ってしまうので、葉山シャツの既製品を着る時には胸を張る必要があります。お腹が出ている人にはお腹周りが少しきついと感じるので、ダイエットを誘うことになります。ちゃんとした姿勢でないとしっくりこないので、このシャツを着ると自然と背筋が伸びたビジネススタイルになっていきます。すると自信がつくので何事もうまくいきます。服装は相手への敬意ですので、取引相手や同僚などの印象もきっと良くなるはずです。

オーダーシャツは完全にフィットしてパーフェクトだと思われがちですが、既製品を開発してみてわかったのです。プロがつくった、プロ好みの製品は意外に良い。というかすごく良いことがあとでわかる。「もし、自分に合うよい既製品に出会うことができたら、そのほうが絶対いいな」と。

オーダーシャツの場合、1着だけのために、有名なデザイナーにデザインしてもらうことはできませんし、自分の体型に合う快適なシャツはつくれますが、シルエットも自分の体型のままの「それなり」なのです。

一方、既製品のシャツのラインは、個人の体型に合わせたものではなく理想の体型をデザイナーがかたどっているので、シルエットがとても綺麗です。凛とした姿を演出します。

また、規格品のコストコントロールは比較的簡単です。完全な理想形ができたなら、材料を計画的に仕入れて、工場の空きを見つけて工程通りにつくれば、価格は相当安くすることができるからです。大量につくって大量に販売しなければならないという必要もありません。「このシャツが良い」という人の分を予測するだけでコストは下がります。つまるところ、専門家が集結してつくった作品こそ、みんなに提供するべきではないか？　そんな結論に至ったのです。

話を建築に戻しましょう。

私たちの会社では今、建築家だけでつくりあげる「時間が経てば経つほど価値が上がる住宅」づくりに奮闘中です。

普段は別荘や富裕層の住宅などを設計しているトップデザイナー、照明や収納、キッチンや水回り専門のデザイナーなど、叡智を結集した渾身の住宅のプラン集を作成中です。狭小住宅用から変形した土地まで、どんな土地にでも対応できるよう設計のバリエーションを増やしていきます。またバージョンアップは永遠に続けていこうと思っています。

お客様は、車のカタログのようにただカタログから選ぶだけで最高の住宅を手に入れることができます。ワンルームから３ＬＤＫ、４ＬＤＫまで究極のプランがずらりと並んでいるのです。ポルシェのように完成された車は、誰も修正したくはないものです。また、車のカタログならポルシェだけでなくトヨタや日産、ホンダの車などたくさんの車種が揃っています。建築の場も様々な敷地の形状に対応可能なように敷地タイプ別のほか、多彩な作家シリーズを揃えたいと思っています。

これからは設計プランを買う時代になっていくのです。設計プランがあらかじめわかっていれば建設費もわかってきますので安心して選ぶことができるのです。

そして、それらの建築家の作品がずらりと並んだ街並みはすごく綺麗で楽しいはずです。情報が増えすぎてきた時代において新しい住宅建築の一つの重要なあり方だと思っています。建築家がつくる「建築の力」を実感してほしいのです。

そうです。

「建築の力」ってすごいんです。

おわりに

いつからでしょうか？

時代はまるで小説を読み飛ばすかのように進むようになってしまいました。

街は新しいもので溢れかえり、昨年買ったばかりの掃除機の新製品がもう発売されました。

テレビでは１秒の遅れも許されず、一日中新たな情報を発信し続けています。

私たちは少しだけ進み過ぎたのかもしれません。社会は複雑になり過ぎました。

便利にはなりました。

ボタンひとつで家中をコントロールし、欲しいものはポケットの中のスマホで世界中から探すことができます。

歩かなくなった代わりにスポーツクラブができ、冷凍食品やインスタント食品中心の方々には健康食品もあります。

でも、しかし、
そろそろ便利の限界が来るのではないでしょうか？
少しだけで良いから、ほんの少しで良いので不便を受け入れた方が結局は良いのだと思うのです。
そんなことも、建築を勉強していくうちに考えてしまうようになりました。多機能すぎるのです。

この本では住宅に限らずいろんな建築の考え方について取り上げてきました。具体的な例にも触れました（プライバシー保護のため表現を少し変えた部分も数箇所あります）。エッ、と思われた部分もあったかもしれませんが、これからの建築づくりについてのいくつかのヒントもあったはずです。

経済性、機能性、安全性の基準を満たした美しくて楽しい名案を提示しても、周りにそういった例がないと「やっぱり普通にしてほしい」とオーナーに言われることもあります。

本質的なことをやろうとするとどんな場合でも実現するには大変なエネルギーが必要な

のです。

本質的な建築のこと。美しい建築のこと。楽しい建築であること。時間が経てば経つほど価値ある建築をつくること。たとえ、考えが青臭いと言われようとも、今後も続けていければいいなと思っています。

そうすればきっと美しくてみんなが住みたくなる街ができていくはずという信念があるからです。

これまで長々と建築の財産としての価値について説明してきました。時に、押し付けがましい表現があったかもしれませんが、そこは単に、強調したかった部分であるとご容赦ください。

先ほど夜が明け、朝になり、しばらく開けていなかった我が家の窓を開けると、均一でない外の空気が我が書斎に流れてきました。

ざわざわとした樹々の音が続く心地よさに耳を傾けていると、先ほどまでの空調で暖かくコントロールされた空間とは全く違う、清々しい空間になりました。

「あー気持ちいいなー」

「爽快だ」

私たちは今日も一日建築に一生懸命です。

建築は皆の大切な財産です。

さぁ、建築を始めましょう。

もしもあなたが私達のたった一本の鉛筆の力を信じることができるなら。
これからつくろうとする建築に奇跡が起きる。
そしてその描き出される物語を想像できた時、人生が変わる。
少し前ヨーン・ウツソンがオーストラリアの平凡な街の港に
華麗に描かれた絵を描きオペラハウスが完成した時、
シドニーの街は生まれかわった
そのシルエットが見えるだけで土地の価値が上がり
そして街は観光客で溢れかえっていった
建築の力って凄いんです。
知人の別荘の設計を依頼された建築家フランク・ロイド・ライトは
家のリビングの真ん中に敷地の横を流れる小川を引き込み。そしてその水は
大きく張り出したベランダから滝になって　もとの川へと解き放たれた
傑作 落水荘のイメージです。
もしも、あんなところで小説を書いたら誰だってうまくかけるに違いないと思う
私といえば学生の頃教科書で読んだ川端康成のカハラヒルトンの朝の風景が忘れられず、
未だに家つくりは夏の休日の朝のダイニング、
その至高の瞬間のイメージつくりから始めています。
時間が経てば経つほど
価値が上がる建築
Japanese
ダイナミック
優しい建築
明るく、楽しい建築
さくらの咲く街

●感動設計

〈著者プロフィール〉

後藤欽也（ごとう・きんや）

熊本県出身。1982年国立有明高専卒業。89年10月株式会社デュ・ラン社設立。〝本質に基づく戦略的デザイン〟を自ら携わる商業施設や病院で幅広く実証。現在は横浜みなとみらいに本社、中国北京市に事務所を構える。2023年2月〝街かど設計〟1号店が横浜市鶴見区にオープン。

【受賞歴】

中国昆明出口加工区国際コンペ1位入賞

道と暮らす家　第16回くまもとアートポリス推進賞受賞

渡邉総合内科クリニック／高森わたなべ薬局　第19回くまもとアートポリス推進賞選賞受賞など

商業建築・他、建築系雑誌に掲載多数

段差のある家に住めば長生きできる

2023年10月15日　第1刷発行

著　者　後藤欽也
発行人　見城 徹
編集人　福島広司
編集者　杉浦雄大

GENTOSHA

発行所　株式会社 幻冬舎
〒151-0051　東京都渋谷区千駄ヶ谷4-9-7

電話　03(5411)6211(編集)
03(5411)6222(営業)

公式HP：https://www.gentosha.co.jp/

印刷・製本所　錦明印刷株式会社

検印廃止

Printed in Japan

ISBN978-4-344-04114-1　C0052

この本に関するご意見・ご感想は、
下記アンケートフォームからお寄せください。
https://www.gentosha.co.jp/e/